여기는 대한민국
임시 정부입니다

大韓民國

지금은
사라졌지만
꼭 기억해야 하는
우리의 역사

여기는 대한민국
임시 정부입니다

은동진 지음

臨時政府

초록비책공방

　우리는 초등학교, 중학교, 고등학교를 거치면서 총 12년 동안 교과서를 통해 대한민국 임시 정부를 만나왔습니다. 하지만 제가 만난 그 어떤 학생들도 대한민국 임시 정부 예하의 한인 애국단 단원이 80명이나 있었다는 사실을 몰랐습니다. 그저 교과서를 통해 의거에 성공했다는 것과 시험에 나오는 이봉창, 윤봉길 의사만을 기억할 뿐입니다. 현재 우리가 살고 있는 대한민국은 이름도 없이 사라진 수많은 독립 영웅의 피와 땀과 눈물이 있었기에 가능했다는 점을 알려주고 싶었습니다.

　이 책은 대한민국 임시 정부 27년간의 발자취를 따라가면서 교과서에는 나오지 않는 임시 정부 이야기를 들려줄 것입니다. 1910년 국권 피탈 시기부터 1945년 광복이 되기까지의 잔혹했던 일본 식민 통치라는 큰 틀 속에서 임시 정부의 상하이 시기(1919~1932), 이동 시기(1932~1940), 충칭 시기(1940~1945), 광복 이후 대한민국 정부 수립 시기(1945~1948)를 함께 따라갈 것입니다.

　저는 역사학자가 아닙니다. 일반적으로 알려져 있는 정설들을 재미있게 풀어서 전달해주는 역사 강사입니다. 제 역할은 학문과 대중을 연결하여 경직되고 딱딱한 학문을 누구라도 쉽게 접근할 수 있도록 말랑말랑하게 만들어 전해주는 것이라고 생각합니다. 이제 대한민국 임시 정부를 통해 그 역할을 하고자 합니다.

이 책은 강연을 통해 많이 들어왔던 임시 정부에 대한 질문을 중심으로 많은 분들이 흥미를 가지고 읽을 수 있도록 구성했습니다. 교과서에서 배운 임시 정부 이야기를 바탕으로 그동안 어디서도 볼 수 없었던 숨겨진 임시 정부 이야기를 들을 수 있어 앞뒤 순서 없이 어떤 페이지를 펼치더라도 흡입력 있게 읽을 수 있을 것입니다. 더 나아가 치열하고도 찬란했던 임시 정부 이야기에 빠져 탄식, 감탄, 미소, 울분 등의 감정을 느낄 수 있을 것입니다.

많이 미흡하지만 출판의 기회를 주신 초록비책공방에게 감사드립니다. 제가 어떤 상황에 처해도 무한한 신뢰를 보내주시는 가족에게 사랑한다는 말을 전합니다. 끝으로 대한민국 임시 정부를 이끌다 순국하신 수많은 애국 선열의 영전에 이 책을 삼가 바칩니다.

은동진

차 례

3장. 상하이 임시 정부

4장. 이동 시기 임시 정부

5장. 충칭 임시 정부

6장. 광복 후 임시 정부

大韓民國 臨時政府

1장.
창살 없는 감옥,
식민지 조선

총칼로 다스려진
우리 민족

식민지가 된 조선에서 우리 민족이 겪어야 했던 가장 큰 고통은 무엇이었을까요?

1910년부터 1919년 3·1운동까지 10년 동안을 '무단 통치 시대'라고 합니다. 이 시대의 폭력성을 상징하는 것이 있는데 바로 칼을 차고 말 위에서 조선인을 내려다보는 '헌병 경찰'입니다.

헌병 경찰 제도는 조선에 주둔한 일본군 헌병이 일반 경찰의 업무까지 담당하는 것을 말합니다. 전국에 설치된 헌병분견소와 파출소에는 헌병 경찰이 적어도 5~6명씩 배치되었습니다. 이들은 치안 문제뿐만 아니라 의병 토벌, 검사 사무 대리, 범죄 즉결 처분, 민사 소송 조정, 산림 감시, 징세 사무 협조, 검열 사업, 보건 업무, 일본어 보급, 노동자 단속 등 식민지 행정상 중요한 역할을

전국에 설치된 경무부와 헌병대

담당했습니다. 이들의 업무는 조선인의 일상과 밀접한 관련이 있었습니다.

　　조선 총독부는 각종 악법을 제정하여 헌병 경찰에게 막강한 권한을 넘겨 조선인을 식민지 법망에 가두었습니다. 1910년에는 '범죄 즉결례'를 제정했는데 이는 조선인에게 벌금, 태형, 구류 등의 억압을 행사할 수 있는 즉결 심판권을 경찰서장 또는 헌병 분대장에게 부여한다는 법입니다. 범죄 즉결례에 따라 경찰서장 또는 각 지방 헌병 대장은 징역 3개월 이하, 벌금 100원 이하에 해당하는 처벌을 재판 없이 즉결로 집행할 수 있었습니다. 범죄 즉결례에는 유언비어나 허보를 말하는 자, 전신주 부근에서 연을 날리는 자, 타인의 밭을 가로질러 건너는 자 등 87개의 처벌 조항이 있었습니다. 평소에는 아무런 문제가 없었던 언행이더라도 헌병 경찰의 해석에 따라 처벌을 받을 수 있었던 것입니다.

1912년에 제정된 '경찰범 처벌 규칙'은 정치·경제·사회·문화 등 모든 부분에서 조선인에 대한 통제와 감시를 일상화했습니다. 여기에는 다수가 모여 관공서에 청원 또는 진정하는 것, 불온한 연설을 하거나 불온 문서·도화·시가를 게시·반포·낭독하는 것, 사람을 혹하게 할 만한 유언부설 또는 허위 보도를 만들어내는 것 등이 포함되었습니다.

일본은 이와 같은 법령을 통해 독립 정신이 싹틀 만한 어떠한 빈틈도 주지 않았습니다.

조선인에게 차별적으로 적용된 악법들

우리나라에는 옛날부터 우는 아이를 달래다 안 될 때 겁을 주는 말이 있습니다. 바로 "울면 호랑이가 온다."라는 말인데요. 그 말이 일제 강점기에는 "순사가 온다."로 바뀌었다고 합니다. 그 당시 아이들에게는 순사가 호랑이보다 더 무서운 존재였던 것입니다. 순사, 즉 헌병 경찰을 이러한 존재로 만든 것은 조선인에게만 차별적으로 적용된 악법 때문이었습니다.

1912년에는 '조선 태형령'이 제정되면서 헌병과 경찰은 즉결 심판을 통해 조선인에게 태형을 가할 수 있었습니다. 조선 태형령은 신체에 형벌을 가하는 야만적 악법이었습니다. 1894년 갑오개혁 이후 폐지 논의만 거듭되다가 폐지되지 않은 상태였는데 총독부가 조선인을 효율적으로 통제하고 감옥 유지 비용을 절감하기 위해 법령으로 공식 채택한 것입니다.

만약 제가 함부로 대중을 모아 관공서에 청원 또는 진정서를 남발하여 경찰범 처벌 규칙을 어긴다면 조선 태형령이 적용됩니다. 법에 따라 16~60세의 조선인 남자, 3개월 이하의 징역이나 구류자, 100원 이하의 벌금 과료자로서 주소 불명이나 무산자는 형 1일, 벌금 1원을 태(笞) 1대로 대신할 수 있기 때문입니다. 그러므로 30대 중반인 저는 조선 태형령을 피할 수 없습니다.

태형은 터무니없는 이유로 집행되기도 합니다. 가로수를 꺾었다고 5대, 집 앞 청소를 게을리했다고 10대, 웃통을 벗고 일했다고 10대, 덜 익은 과실을 팔았다고 15~80대까지 때리기도 했습니다. 가혹한 매질로 불구가 되거나 목숨을 잃는 경우도 많았습니다. 일본은 이러한 태형을 법으로 정해 조선인의 신체적 자유를 빼앗고 큰 고통을 주었습니다. 3·1운동에 참여한 만세 시위자 대부분이 태형을 받았는데 이후 국제적인 문제가 되자 일제는 1920년에 이르러서야 조선 태형령을 폐지했습니다.

일제는 군인과 경찰뿐만 아니라 일반 관리와 학교 교원들까지 제복을 입고 칼을 차도록 했습니다. 선생님들이 제복과 칼을 차고 수업한다고 생각해보세요. 저절로 공포 분위기가 조성되지 않을까요? 일제의 이런 조치는 조선인에게 위압감을 불러일으켜 일

제복을 입고 칼을 휴대한 교사들

제의 지배에 복종토록 하기 위한 것이었습니다.

일본은 1911년 8월에 '제1차 조선 교육령'을 공포하고 식민지 교육 정책을 전개했습니다. 이에 따라 조선인에게는 과학 연구와 고등 교육의 기회를 주지 않고 천황제 사상을 주입하여 하급 일본인으로 만들어 부려먹기 편할 만큼의 지식과 기술만 가르쳤습니다.

1910년대 '식민 통치 1기'라고도 불리는 무단 통치의 본질을 우리는 알아야 합니다. 일본의 무단 통치는 그 어떠한 나라에서도 볼 수 없는, 사람을 노예로 만드는 폭압 정치였습니다.

우리 민족을 둘로 가른
문화 정치

일제의 새로운 식민 지배 통치

지금부터 잠깐 조선 총독부의 관점에서 식민지 조선을 살펴 보겠습니다. 3·1운동을 직접 겪은 후 조선 총독부는 어떤 감정을 느꼈을까요? 한마디로 표현하자면 '쇼크', 큰 충격이지 않았을까 요? 3·1운동 이후 조선 총독부는 더 이상 강압적인 통치로는 조선을 지배할 수 없다는 사실을 깨달았습니다.

3·1운동 직후인 1919년 8월, 사이토 마코토가 제3대 조선 총 독부로 임명되었습니다. 그는 조선 총독부 중 유일하게 해군 대 장 출신이었습니다. 당시 일본은 미국 등 여러 서구 세력으로부 터 3·1운동을 무력으로 탄압했다는 비난을 받고 있었습니다. 이에

일본 수상은 조선 총독으로 부임하는 사이토에게 조선에서 두 번 다시 민족 운동이 발생하지 않도록 대책을 마련하라는 명령을 내렸습니다. 한마디로 새로운 형태의 식민지 통치 방식을 만들어내라는 것이었습니다.

제3대 총독 사이토 마코토

그 결과 일본은 조선 통치 방법을 무단 통치 대신 문화 통치로 바꾸고 기만적인 유화 정책과 민족 분열 정책을 전개했습니다. 문화 통치를 표방하면서 문관 총독 임명, 보통 경찰제 실시, 관리와 교원의 제복 착용 폐지, 언론·출판·집회·결사의 부분적 허용 등을 내세운 것입니다.

이름뿐인 문화 통치

그러나 실상은 크게 변하지 않았습니다. 일본은 총독을 육해군 대장으로 한다는 조목을 없애 문관도 총독으로 임명될 수 있도록 조선 총독부의 직제를 개정했지만 해방 전까지 조선의 모든 총독은 군인 출신이었습니다. 악명 높던 헌병 경찰제를 보통 경찰

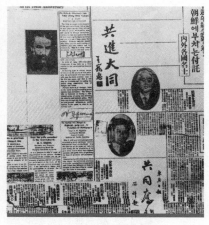
일제에 의해 기사가 삭제된 동아일보

제로 바꾸긴 했지만 이것은 경찰 업무와 군사 업무를 나눈 것에 불과했습니다. 오히려 일본은 반일 운동을 효과적으로 탄압하고자 경찰과 군대를 더욱 강화했습니다. 경찰관서와 경찰 수를 3·1운동 이전보다 3배 넘게 늘렸고 경찰 경비 또한 총독부 예산 가운데 가장 많은 비중을 차지했습니다. 여기에 1군 1경찰서, 1면 1주재소 제도를 확립했고 특고 형사, 사복 형사, 제복 순사, 밀정 등을 편성하여 더욱 치밀하게 조선인을 감시하고 억압했습니다.

한편 일본이 언론·출판·집회·결사의 자유를 일부 허용하자 동아일보, 조선일보 등의 조선인 신문이 발간되었고, 여러 사회 단체도 결성되었습니다. 하지만 출판물은 여전히 엄격한 검열을 받아야만 했고, 통치 질서와 안전을 방해하지 않는 한에서만 허용되었습니다. 특히 신문은 검열 과정을 거치게 하여 기사가 삭제되는 경우가 많았고 심지어 압수, 정간되기도 했습니다. 집회도 경찰의 허가를 받아야 했고 그 감시 아래에서만 진행되었습니다.

1925년에는 '치안 유지법'을 제정하여 사회주의 운동과 민족

경성부 협의회 의원 선거 모습

운동 세력에 대한 탄압을 더욱 강화했습니다. 이 법은 일제가 국가 통치 체제나 사유재산 제도를 부정하는 사상을 단속하기 위하여 제정한 법률입니다. 이를 통해 일제는 사회주의 운동뿐만 아니라 농민·노동자 운동, 항일 민족 운동을 탄압했습니다.

일본은 독립 운동의 열기를 식히기 위해 조선인에게도 참정 권과 자치권을 허용할 것처럼 선전했습니다. 친일파들에게 명예 직을 제공하기 위해 만든 중추원을 확장하고, 지방 제도를 개편해 행정 기관에 부협의회, 면회의회, 도평의회를 설치하기도 했습니다. 하지만 이들 기관은 의결권이 없는 자문 기관으로 그마저도 선 거 회원보다 임명 회원을 많게 하여 일본인이나 친일 성향의 조 선인이 다수를 차지하도록 했습니다. 일제의 궁극적인 목적은 지방 사회의 조선인 유지들의 명예욕을 채워주어 그들을 식민 통치의 동반자로 만들어 지배 체제에 흡수하는 데 있었기 때문입니다.

1922년 2월 일제는 '2차 조선 교육령'을 개정·공포했습니다. '내지(일본) 준거주의'라고 하여 조선에도 일본과 동일한 교육 제도를 시행하고 조선인과 일본인 간의 차별을 없앤다는 목표를 내세웠습니다. 교육 기회의 확대를 표방하면서 보통학교의 교육 연한은 4년에서 6년으로 늘어났고 조선사를 일본사에 포함해 교육하도록 했습니다. 또한 조선인의 일본 고등학교 진학을 허용했으며 1924년에는 경성제국대학을 설립했습니다.

경성제국대학은 일제가 조선인을 회유하고 한반도 거주 일본인의 고등 교육을 위해 설립한 것으로 사실상 조선인이 아닌 일본인을 위한 교육 기관입니다. 일본은 보통학교와 고등보통학교의 목적을 일본어 습득과 숙달에 있다고 내세우면서 한국 역사, 한국 지리 시간은 줄이고 일본 역사, 일본 지리 시간을 대폭 늘렸습니다.

또한 1면 1교 주의를 내세워 교육 시설을 확장하는 듯 선전했으나 학교는 여전히 부족하여 조선인의 취학률은 1920년대 말까지도 20퍼센트를 넘지 못했습니다. 결국 식민지 교육이 동화 교육이라는 실상에는 변함이 없었습니다.

문화 통치의 숨은 의도, 친일파 육성

일본이 문화 정치를 내세워 이루고자 한 것은 3·1운동에서 분출된 조선인의 단결된 힘을 분열시켜 다시는 독립 운동이 일어나지 않게 하는 것이었습니다.

3·1운동을 겪으면서 일본은 어떤 점을 가장 아쉬워했을까요? 만약 3·1운동이 일어나기 전 한반도에 친일파가 많았더라면 대규모 민족 운동이 일어나기 전에 미리 주동자를 잡을 수 있었을 거라고 생각했을 겁니다.

1920년대 일본이 가장 심혈을 기울인 정책은 친일파 육성입니다. 아예 친일파 육성 방침을 만들어 지주, 자본가, 지식인, 종교인 등 사회지도층 인사들을 친일파로 만들고자 했습니다. 일본에 충성을 다하는 자를 관리로 삼고, 장기적 안목에서 친일 지식인을 양성하고, 친일분자를 귀족, 양반, 부호, 실업계, 교육계, 종교계 등에 침투시켜 각종 친일 단체를 조직하도록 한 것입니다.

친일 여론을 조성하기 위해 교풍회, 국민협회, 대동동지회, 대정친목회, 유민회, 대동사문회, 유도진흥회를 조직하고, 식민 지배를 부정하는 반일 독립 운동이나 사회주의 운동 세력에 대해서는 가혹하게 탄압했습니다.

이런 일본의 노력에 적지 않은 사회 지도층 인사들이 눈앞의 이익에 빠져 친일의 길로 들어섰습니다. 일제와 타협한 대표적인 인물로는 3·1운동 때 민족 대표로 나선 최린과 민족주의 사학자 최남선이 있습니다. 임시 정부의 독립신문 주필을 맡았던 이광수는 조선 민족이 열등해 국권을 빼앗겼다는 '민족개조론'을 주장하기도 했습니다. 더 나아가 동아일보에 '민족적 경륜'을 연재하여 총독부 지배를 인정하고 협조하자는 '자치론'을 내놓아 큰 충격을 주기도 했습니다. 이외에도 학교와 회사 등을 설립할 때 특혜를 받는 과정에서 많은 인사들이 친일 활동을 시작했고, 기하급수적으로 늘어난 친일파들은 독립 운동과 조선 독립에 커다란 걸림돌이 되었습니다.

이와 같은 사실로 볼 때 일본이 내세운 문화 통치는 제한된 범위에서 자유를 허용하여 일제 협력자를 양산하는 반면 항일 운동은 가혹하게 탄압하는 민족 분열 정책이라 할 수 있습니다.

우리 민족의 정신을 없애는
민족 말살 정책

군국주의로 경제 위기를 타개하려 했던 일본

1930년대부터 1945년 광복 전까지 일본은 전쟁의 광기에 빠져있었습니다. 전쟁에 미친 일본은 자신들의 제국주의 침략 전쟁터에서 조선의 젊은이들이 '천황폐하 만세!'를 부르짖으며 목숨을 던지기를 갈망했습니다. 그리고 이는 민족 말살 통치로 나타났습니다. 일본의 민족 말살 통치를 정확하게 이해하려면 먼저 당시의 국제 정세를 알아야 합니다.

그 시작은 1929년에 일어난 세계 경제 대공황입니다. 1차 세계대전 후 세계 경제를 이끌며 번영을 누리던 미국은 과잉 생산과 대규모 실업으로 뉴욕 주식시장의 주가가 폭락하면서 대공황에 빠졌습니다. 미국에서 시작된 대공황은 유럽과 아시아 지역 등 전 세계로 빠르게 확산되었습니다. 미국, 영국, 프랑스 등 선진 자본주의 국가는 보호무역주의를 시행하여 그 위기를 극복한 반면 독일과 이탈리아, 일본 등은 군비 확장과 대외 침략을 통해 대공황에서 벗어나고자 했습니다. 그 과정에서 개인보다 집단의 이익을 우선시하는 전체주의 체제가 대두되었습니다.

일본은 1차 세계대전 동안 급격히 발전된 생산력을 바탕으로 경제 호황을 누렸지만 전쟁이 끝나자 판매 시장을 잃어버리고 만성적인 불황에 빠졌습니다. 대공황으로 상품 수출이 크게 줄어들었고 공장들이 문을 닫자 실업자가 큰 폭으로 늘어났습니다. 실업자들이 도시에서 농촌으로 돌아오고 쌀값이 크게 떨어지는 가운데 지주들은 농민을 더욱 수탈하면서 농업 공황까지 발생했습니다. 위기감이 감도는 가운데 일본에서는 군부와 우익 세력이 정치 전면에 등장했습니다. 이들은 정당 정치를 무너뜨리고 군사 행동을 통해 문제를 해결하고자 했습니다.

일본 군국주의자들은 자본 수출을 확보하기 위해 '일본-조선-만주'로 연결되는 블록 체제를 만들어 공황에서 벗어나려고 했습니다. 결국 대공황으로 인한 국민의 불만을 무마하기 위해 1931년에 남만주 철도 선로를 폭파하고 이를 중국군의 소행이라고 날조하여 만주를 점령한 '만주 사변'을 일으켰습니다. 이후 일본은 1932년 상하이 사변을 일으켜 중국 본토까지 진출했고, 세계의 이목이 상하이에 집중된 틈을 타 청의 마지막 황제 푸이를 앞세워 만주국을 수립했습니다.

일본, 중·일 전쟁을 일으키다

국제연맹*은 만주를 점령한 일본 군대의 철수를 요구했습니다. 이에 반발한 일본은 국제연맹에서 탈퇴하고 점령 지역을 확대하기 위하여 무력 행사를 계속했습니다. 그 결과 중국 북부 지역까지 세력을 확장할 수 있었습니다.

일본은 만주 침략을 계기로 군수 분야와 중화학 공업 중심으로 개편하면서 불황을 어느 정도 이겨낼 수 있었습니다. 이후 일본 군부는 국가의 대내외 정책에 대한 발언권을 강화하면서 국가 전체를 거대한 군대로 만드는 군국주의 체제를 확립시켜나갔습니다.

일본은 중국에서 항일 기운이 거세지자 '루거우차오 사건'을 계기로 중·일 전쟁을 일으켰습니다. 1937년 7월 7일, 루거우차오 부근에서 야간 훈련을 하던 일본군 병사 한 명이 실종되었습니다. 일본군은 실종 병사의 수색을 구실로 중국군 주둔 지역의 진입을 요구했습니다. 중국군이 이를 거부하자 일본군은 중국군 주둔 지역에 포격을 가했고 이를 시작으로 두 나라 군대가 충돌하면서 루

---

* **국제연맹** : 1차 세계대전 이후 미국 윌슨 대통령의 제안으로 만들어진 국제 평화 기구로 국제연합(UN)의 전신입니다.

베이징 남서쪽 교외에 있는 루거우차오

거우차오 사건이 일어났습니다.

　두 나라는 일단 정전에 합의했지만 일본 정부의 강경파와 군부는 군사 행동을 확대하자고 주장했고, 결국 일본 정부가 중국 화북 지방에 대규모 군대를 파견해 중국군에 총공격을 가하면서 중·일 전쟁은 전면전에 돌입했습니다. 일본은 3개월 만에 상하이를 점령하고 수도인 난징을 비롯해 주요 도시를 빠르게 쳐들어갔습니다. 그러고는 모든 것을 불태우고, 죽이고, 약탈하는 이른바 '삼광 작전'을 펼치며 점령지를 철저히 파괴했습니다. 이에 맞서 중국 국민당 정부는 수도를 충칭으로 옮겨 장기 항전에 대비했으며, 중국 공산당과 제2차 국·공 합작을 통해 항일 투쟁을 전개해나갔습니다.

한편 이 시기 임시 정부는 윤봉길의 의거 이후 일제 탄압이 심해지자 이를 피해 여러 곳을 이동해 다니고 있었습니다. 중·일 전쟁이 발발하자 창사, 광저우 등으로 근거지를 옮기고 독립 운동의 역량을 결집해나갔습니다. 일본의 중국 점령 지역이 확대되고 미국과 영국이 중국의 항일 전쟁을 지원하면서 중·일 전쟁은 장기전으로 접어들었습니다.

2차 세계대전의 추축국이 된 일본

이 무렵 유럽에서는 독일이 폴란드를 침공하면서 2차 세계대전이 시작되었습니다. 일본은 중·일 전쟁에 필요한 전쟁 물자를 얻고자 베트남 북부를 침공했고 독일, 이탈리아와 삼국 동맹을 맺어 추축국의 일원이 되었습니다. 추축국*이 된 일본은 베트남 남부를 차지하고 군사 기지를 건설했습니다.

일본의 세력 확장을 경계하던 미국은 일본에 석유 수출을 금지하는 경제 봉쇄 조치를 내렸고, 이에 일본은 미국과의 전쟁을 선포했습니다. 1941년 일본군이 하와이 진주만의 미국 태평양 함대를 기습 공격하고 영국령 말레이반도에 상륙하여 영국군을 선제 공격하면서 아시아·태평양 전쟁이 시작되었습니다.

---

* **추축국** : 2차 세계대전 당시 연합국과 싸웠던 나라들이 형성한 국제 동맹을 가리키는 말로 독일, 이탈리아, 일본을 말합니다.

일본에 이어 독일과 이탈리아도 미국에 선전 포고를 하자 2차 세계대전은 세계 최대 규모의 전쟁으로 확대되었습니다. 이 시기 일본은 '대동아 공영권'을 내세우며 짧은 시간에 동남아시아 대부분의 지역과 남태평양 일대를 점령하여 전세를 유리하게 이끌었습니다. 그러나 미국, 영국, 중국 등이 연합 작전을 개시하고, 군사력을 재정비한 미군이 미드웨이 해전에서 승리하면서 전세가 역전되었습니다. 1942년 6월, 이틀 동안 벌어진 미드웨이 해전에서 일본 해군은 정규 항공모함 6척 중 4척, 비행기 322대를 잃었습니다. 반면 미국의 비행기 손실은 150대에 불과했습니다.

일본은 동맹국인 이탈리아와 독일이 항복한 뒤에도 전쟁을 이어나갔습니다. 이에 미국은 태평양의 여러 섬에서 일본군을 몰아내고 일본 수도인 도쿄를 비롯해 여러 지역을 공습하여 일본의 항복을 압박했습니다.

마침내 미국은 1945년 8월 6일에는 히로시마에, 8월 9일에는 나가사키에 원자폭탄을 투하했습니다. 설상가상으로 8월 9일 소련이 일본에 선전 포고하면서 공격을 개시했습니다. 결국 1945년 8월 15일, 일본은 무조건 항복을 선언했습니다. 그리고 우리나라도 광복을 맞이하게 됩니다.

＊ **대동아 공영권** : 동아시아의 공동 번영을 위해 일본을 중심으로 조선과 만주, 중국을 비롯한 아시아 각국이 단결하여 하나의 세력권을 형성해야 한다는 것입니다.

진주만 공습

미드웨이 해전 때 침몰하는 일본 군함

두려움에서 시작된 민족 말살 정책

일본은 1930년대에 접어들면서 본격적으로 대륙 침략을 합니다. 1931년에 만주 사변을 일으키고 대륙 침략을 감행하면서 군대와 경찰을 늘려 식민지 조선에 대한 통제를 강화했습니다. 이후 일본은 중·일 전쟁(1937)과 태평양 전쟁(1941)을 일으키면서 전시 동원을 원활하게 할 목적으로 황국 신민화 정책'에 박차를 가했습니다. 이 시기 일본은 강제로 전장으로 내몬 조선인들이 그 총구를 일본인에게 겨눌 수도 있다는 두려움을 갖고 있었습니다. 즉 훈련을 통해 조선 청년을 군인으로 만들 수는 있었지만 그들이 총구를 일본에 겨누는 것까지는 막을 수 없다고 생각했습니다.

이에 일본은 조선인의 언어, 풍속, 관념 심지어 식생활까지도 일본인처럼 만들어야 한다는 강박에 빠졌습니다. 결국 일본은 조선인의 고유한 민족성을 없애야 한다고 판단했고 전 세계에 유례없는 민족 말살 정책을 강행했던 것입니다.

조선인 몸에 일본의 정신을, 내선일체

1936년 제8대 조선 총독부로 부임한 미나미 지로는 조선 통

---

* **황국 신민화 정책** : 우리 국민을 일본 천황의 충실한 백성으로 만들려는 정책입니다.

치에 있어 두 가지 목표를 정했습니다. 하나는 일본 천황이 조선을 방문할 수 있도록 하는 것이며, 다른 하나는 조선에서 징병제를 실시하는 것이었습니다. 두 가지 모두 조선인이 완벽한 일본인이 되지 않고서는 실현할 수 없는 것이었습니다. 이에 미나미 총독은 "조선인과 일본인은 형태도 마음도 피도 살도 하나가 되어야 한다."는 내선일체를 통치 방침으로 내세웠습니다. 자신들의 전쟁에 조선의 젊은이가 "천황폐하 만세!"를 부르며 함께 죽어가기를 원했던 것입니다.

이처럼 일본이 1930년대부터 1945년까지 전개한 민족 말살 통치는 조선인의 민족 의식을 말살하여 저항을 잠재우고, 침략 전쟁에 조선인을 효율적으로 동원하기 위한 목적으로 시행되었습니다. 민족 말살 통치의 일환으로 1937년 10월 '황국신민의 서사'가 제정되었습니다. 이 충성 맹세는 성인용과 아동용으로 만들어졌는데 아동용은 다음과 같습니다.

황국신민의 서사(아동용)

1. 우리들은 대일본 제국의 신민입니다.
2. 우리들은 마음을 합하여 천황 폐하에게 충의를 다합니다.
3. 우리들은 인고단련하고 훌륭하고 강한 국민이 되겠습니다.

위와 같은 황국신민의 서사는 모든 학교에서 수업 시작 전에 암송되었고, 이와 더불어 아침마다 천황이 살고 있는 도쿄를 향해

조선 신궁에 절을 하는 학생들

감사의 절을 하는 궁성 요배도 함께 강요했습니다.

학교에서뿐만 아니라 관공서, 은행, 회사, 공장, 상점 등 모든 직장에서 조례 신간 때는 물론 모든 행사 때 반드시 제창하고 모든 출판물에도 게재토록 했습니다. 또한 서울 남산에 조선 신궁을 짓고 전국의 읍과 면마다 일본 왕족의 조상신이나 국가 유공자를 모신 신사를 세워 참배를 강요했습니다. 공공 기관과 학교에는 봉안전을 세워 참배했는데 신사 참배를 거부하는 사람은 처벌하고 학교는 폐교시켰습니다.

이와 같은 궁성 요배나 신사 참배는 살아있는 신인 현재의 천황의 은혜에 보답하고 감사하는 마음을 일상적으로 갖게 만드는 것이 목적이었습니다.

일본어만 쓰고 말하라, 조선어 말살 정책

1938년 일본은 제3차 조선 교육령을 공포하여 조선인 학교의 명칭과 교육 내용을 일본인 학교와 동일하게 개정했습니다. 또한 조선어를 선택 과목으로 바꾸어 사실상 조선어 교육을 폐지하고 일본어 상용을 강제했습니다. 이에 학교에서는 일본어만 사용하게 했고 조선어를 사용하면 처벌했습니다. 일본의 입장에서는 조선인을 침략 전쟁에 동원하려면 말이 통해야 하기도 했지만 조선말을 쓰지 못하게 하는 것이 민족성을 빼앗는 가장 좋은 방법이었던 것입니다.

1941년에는 소학교의 명칭을 황국신민학교를 의미하는 '국민학교'로 바꾸고 "우리는 일본의 어린이입니다. 하나님의 혈통을 받으신 천황폐하를 받들고 한없이 번영해가는 일본에 태어난 것입니다."라는 내용이 담긴 수신(도덕) 교과서를 통해 어린 학생들을 천황의 신민으로 길들였습니다.

일제는 조선인의 사상을 통제하고 독립 운동가들을 감시·탄압하기 위해 언론, 출판, 집회 등을 철저히 단속했습니다. 독립 운동가들에게는 전향을 강요했으며 이를 거부한 사람들을 조선사상범 예방 구금령에 따라 재판 없이 체포하여 가두었습니다. 특히 조선인의 눈과 귀를 막기 위해 언론의 자유를 제한하여 조선일보와 동아일보 등 한글 신문과 잡지가 폐간되었습니다.

강력한 민족 말살 정책, 창씨개명

민족 말살 통치가 가장 잘 드러나는 정책은 1939년에 공포된 '창씨개명령'입니다. 이광수 등을 앞세워 민족 간 차별을 없앤다

창씨개명을 하러 나온 사람들

는 명분으로 1940년 2월부터 6개월의 기간을 정해 창씨개명 정책을 시행했는데, 이는 조선식 이름을 버리고 성과 이름을 일본식으로 바꾸도록 한 강제 조치였습니다.

창씨개명 이전에는 식민지 지배 질서를 유지하고 지배자와 피지배자를 구별하기 위해 조선인이 일본인과 비슷한 이름으로 바꾸는 것을 금지했습니다. 그랬던 일본이 민족성을 말살하기 위해 조선인에게 일본식 이름을 갖도록 강요한 것입니다. 초기에는 행정 기관, 경찰, 학교를 총동원하여 이를 장려하는 형식을 취했지만 사실상 강제로 이루어졌습니다.

창씨개명에 불응한 사람은 아이를 학교에 보낼 수 없었고 기차표도 살 수 없었으며 식량 배급도 받지 못했습니다. 또한 멀쩡하게 일하는 사람을 파면하고 비국민으로 몰아 사찰과 미행을 하고 노무 징용 우선 대상자로 분류했습니다. 학교에서는 창씨하지 않은 학생의 머리에 먹으로 X자를 표시해서 돌려보냈습니다.

그 결과 창씨를 한 호수는 약 330만 호로 전체의 80.3퍼센트에 달했습니다. 그러나 새로운 씨를 제출하지 않을 때는 호주의 성을 씨로 한다는 조항에 따라 원래의 성을 씨로 삼았기 때문에 결과적으로는 100퍼센트 창씨가 완료되었습니다.

강제로 사지로 끌려간 조선인들

일본은 만주 사변 이후 병참 기지화 정책을 시행하기 위해 조선의 값싼 노동력과 자원을 활용한 공업화 정책을 추진했습니다.

일본의 독점 자본들은 한국에 대거 진출하여 석탄과 철 등 지하자원이 풍부한 북부 지방에 발전소를 건설하고 군수 산업과 관련 있는 금속·기계·화학 공업에 집중 투자했습니다. 일본은 원료와 식량을 확보하고자 광산 개발, 면화 재배, 양모 생산, 식량 증산 등의 정책도 실시했습니다. 1937년 중·일 전쟁을 일으키면서 전쟁에 필요한 물자와 인력을 효율적으로 동원하기 위해 1938년 '국가

---

* **병참 기지화 정책** : 대륙 침략에 필요한 군수 물자를 생산하는 정책을 말합니다.

강제로 징병당한 학생들

총동원법'을 제정했고 인적·물적 자원을 수탈했습니다.

또한 일본은 침략 전쟁에 조선 청년들을 조직적으로 동원했습니다. 전투 병력 동원이 시급했던 일제는 1938년 지원병 제도를 시행했는데 실제로는 강제 동원의 성격이 강했습니다. 이후 전선이 확대되자 1943년 학도 지원병제를 실시하여 학생들을 전쟁에 동원했습니다. 그리고 1944년에는 만 20세가 된 청년을 전선에 동원하는 징병제를 실시하면서 일제가 패망할 때까지 약 20만 명의 청년이 전쟁터로 끌려갔습니다.

1944년에는 '여자 정신 근로령'을 공포하여 12세 이상 40세 미만의 여성을 군수 공장에서 일하게 했고 그중 일부는 일본군 위

정신대로 끌려가는 여성들

안부로 끌려갔습니다. 일본군은 만주 사변 때부터 군 위안소를 운영했는데 전쟁 말기에는 이를 더욱 조직화하여 조선을 비롯한 중국, 동남아시아 등지에서 여성들을 강제 연행하여 위안부로 삼았습니다.

군수 산업에 종사할 노동력을 보강하기 위해서는 1939년에 '국민 징용령'을 공포했습니다. 노동력 동원은 '모집-알선-징용'이라는 3단계로 전개되었는데 처음에는 모집을 통해 노동력을 동원했습니다. 월급도 많고 기술도 배우는 좋은 일자리가 있다는 말로 노동자를 끌어모았습니다. 알선이라는 이름의 노동력 동원은 행정 기관의 체계적인 개입을 통해 진행되었습니다.

강제 징용은 마지막 단계였습니다. 징용된 조선인 청·장년들은 한반도는 물론 사할린을 포함한 일본과 남양군도·중국·동남아시아의 광산, 수력 발전소 건설 공사장, 교량 건설 사업장, 비행장 건설 공사장 등에 강제로 끌려가 가혹한 중노동에 시달렸습니다. 이들은 사실상 임금을 받지 못했습니다. 우편 저축, 은행 적금, 채권 매입 등 각종 명분으로 임금을 차압당한 채 노동력을 착취당했습니다.

물자 수탈

　　일본은 중·일 전쟁 이후 물자 수탈에도 열을 올려 군수 산업의 원료가 되는 지하자원은 물론이고 식량 수탈도 강화했습니다.

　　먼저 군량미 조달을 위해 산미 증식 계획을 재개했습니다. 그러나 미곡 사정이 나빠졌고 이에 식량 배급제를 시행하여 시장에서 쌀을 사고팔지 못하게 했습니다. 그러고는 필요한 쌀을 확보하기 위해 싼 가격에 강제로 미곡을 사들이는 공출제를 실시했습니다. 1942년부터 3년 동안 지독한 흉년이 지속될 때도 농가의 식량 문제를 고려하지 않은 채 공출 수량을 강제로 할당했습니다. 미곡으로 시작한 공출 대상은 감자, 고구마 등 대부분의 농산물로 확대되었습니다.

　　전쟁이 확대되면서 군수 물자의 조달이 점차 어려워지자 이

친일 기업인들의 헌금으로 만든 애국 헌납기 1444호

를 보충하기 위해 각종 금속류도 공출했습니다. 무기를 만들 수 있
는 금속 제품이라면 절이나 교회의 종, 가정에서 쓰는 놋그릇과 숟
가락까지도 빼앗아갔습니다. 일상 생활에서 사용하던 모든 금속
을 강제로 거두어간 것입니다. 또 위문 금품 모금과 국방 헌금을
강요하고 각종 세금을 신설했습니다.

　이러한 상황에서 일부 친일 자본가는 비행기를 헌납했고 일
부 친일 지식인은 일제 침략을 찬양하고 징병과 징용을 독려하는
글을 쓰기도 했습니다.

3·1운동, 독립을 향한
외침의 준비

국내외에서 독립 선언의 움직임이 등장하다

대한제국을 강제 병합시켜 식민지로 만든 일제는 가혹한 무단 통치로 우리 민족을 지배했습니다. 이러한 상황에서도 조선 민중은 독립에 대한 희망을 포기하지 않았습니다. 그 희망의 불씨가 바로 3·1운동입니다. 3·1운동을 정확하게 알기 위해서는 당시의 국제 정세 변화를 파악해야 합니다.

19세기 후반 제국주의 열강들은 더 많은 식민지를 차지하기 위해 치열한 경쟁을 벌이던 중 1914년 1차 세계대전이 발발합니다. 동맹국(독일, 오스트리아 등)과 연합국(영국, 프랑스 등)으로 나뉘어진 이 전쟁에 미국이 연합국 측에 가담하면서 전세가 기울었고,

1918년 연합국의 승리로 1차 세계대전은 끝이 났습니다.

전후 처리 문제를 논의하기 위해 열린 파리 강화 회의는 미국 대통령 윌슨이 제시한 '민족 자결주의'를 기본 원칙으로 삼았습니다. 민족 자결주의의 주 내용은 "식민지나 점령 지역의 피지배 민족들로 하여금 자유롭고 공평하고 동등하게 자신들의 정치적 미래를 결정할 수 있는 자결권을 인정해야 한다."는 것입니다.

이에 앞서 1917년 러시아에서는 혁명이 일어나 역사상 최초의 사회주의 국가가 등장했습니다. 사회주의 혁명을 성공시킨 소련의 레닌도 식민지 피압박 민족의 해방 운동을 지원하겠다는 내용의 민족 자결주의 원칙을 천명했습니다.

이와 같은 세계 정세의 급격한 변화에 조선 민중들은 어떤 생각을 했을까요? 대부분 사람들은 무력에 의해 좌우되던 시대가 끝나고 정의와 인도에 입각한 새로운 시대가 시작되었다는 믿음과 함께 독립을 이룰 수 있다는 희망을 가졌습니다. 급변하는 국제 정세에 힘입어 국제 사회에 독립을 호소하기 시작했습니다.

1919년 1월, 상하이의 신한 청년당은 독립 청원서를 작성했습니다. 그리고 파리 강화 회의에 김규식을 민족 대표로 파견하여 독립의 정당성을 알리고 국내외 각 지역에 사람을 보내 독립 운동을 촉구했습니다.

이러한 활동에 호응하여 1919년 2월, 중국 지린에서는 만주와 연해주(블라디보스토크), 중국, 미국 등 국외에서 활동 중인 독립 운동가 39인이 독립 전쟁을 촉구하는 '대한 독립 선언서(무오 독립 선언서)'를 발표했습니다. 일본 도쿄에서는 1919년 2월 8일, 유학생들이 조선 청년독립단을 조직하고 독립을 위해 최후의 한 사람까지 투쟁할 것을 선언한 '2·8 독립 선언'을 발표했습니다.

3·1운동 촉매제가 된 고종 황제의 사망

한편 해외뿐만 아니라 국내에서도 거족적인 독립 운동을 일으키려는 움직임이 일어났습니다. 일본 제국주의의 국권 피탈 이후 민중의 삶은 일본의 선전과는 달리 전혀 나아지지 않았습니다. 10년 가까이 폭력적인 일제의 무단 통치에 민중의 불만은 폭발 직전이었습니다. 이러한 상황에서 국내의 천도교, 기독교, 불교계 지도자와 학생 대표들이 비밀리에 모여 대규모 민족 운동을 준비했습니다. 그런데 종교계와 학생들을 중심으로 독립 만세 시위를 전개할 준비가 갖추어지던 중 큰 사건이 발생했습니다.

1919년 1월 21일, 대한제국 황제였던 고종이 갑작스러운 죽음을 맞이한 것입니다. 고종의 죽음을 둘러싸고 일본이 독살했다는 소문이 전국 각지에 널리 퍼졌습니다. 고종의 정확한 사인을 단정하기는 힘들지만 사실 여부와는 상관없이 고종 독살설은 3·1운동 발발의 주요 배경 중 하나이자 조선 민중이 적극 참여하는 중요한 계기가 되었습니다.

그렇다면 실제로 일본에 의한 고종 독살설은 사실일까요? 고

고종의 장례 행렬

종 독살설 의혹은 1919년 1월 22일, 조선 총독부의 발표 직후부터 제기되었습니다. 건강하던 고종이 갑자기 사망했다는 점, 조선 총독부의 발표가 사망한 날이 아닌 그다음 날이었다는 점, 시신 상태가 자연사로 보기 어려웠다는 소문에 기인한 점이 그 근거였습니다. 이와 같은 이유로 조선 총독부가 뇌일혈에 의한 사망이라고 공식 발표했는데도 고종 독살설은 광범위하게 퍼져나갔습니다. 전국 각지에서 고종에 대한 망곡례가 거행되었고, 집집마다 상장이 나붙었으며, 장례식에 참배하기 위해 전국에서 상경길에 오른 사람들이 줄을 이었습니다.

　　손병희, 이승훈, 한용운 등 종교계 민족 대표 33인은 일원화,

대중화, 비폭력화를 원칙으로 하는 독립 선언서를 작성하여 전국 각지에 배포했습니다. 3월 3일 고종의 국장일과 3월 2일 일요일을 피해 3월 1일 정오로 거사 일자를 잡고, 그날 서울 탑골공원에 모여 독립 선언서를 발표한 다음 전국적인 만세 운동을 진행하기로 했습니다.

민족 대표들은 고종의 장례식을 즈음하여 사람들이 많이 모일 것을 예상하고 3월 1일 대규모 시위를 통해 민족의 독립 의지를 전 세계에 알리고자 계획했던 것입니다. 그리고 지방에서 상경한 사람들이 만세 운동을 직접 눈으로 목격하고 고향으로 돌아가서 만세 운동을 주도하기를 바랐습니다.

만세의 함성으로 뒤덮은 3·1운동

1919년 3월 1일 오후 2시, 사정상 불참한 4인을 제외하고 태화관에 민족 대표 29인이 집결했습니다. 민족 대표 33인은 3·1운동 때 발표한 기미 독립 선언서에 서명한 인사들을 말합니다. 민족 대표는 종교별로 나누어 선정했는데 천도교계, 기독교계, 불교계에서 각각 15명, 16명, 2명씩 참가했습니다.

그런데 왜 이들은 처음 계획했던 탑골공원이 아닌 경성 인사동의 태화관에 모인 것일까요? 민족 대표들은 탑골공원에 너무 많은 인파가 몰려들어 시위가 과격해질 경우 일본에 한국의 독립을

청원하기 어려워질 것이라 우려
했습니다. 그래서 거사 장소를 태
화관으로 바꾸었던 것입니다.

태화관에 모인 민족 대표
29인은 은밀하게 독립 선언서를
낭독하고 만세 삼창을 부른 다음
독립 선언의 소식을 알렸습니다.
그러고는 곧 일본 경찰에 연행되
었습니다. 그러면 만세 운동은 어
떻게 시작되었을까요?

광화문 앞에 모인 사람들

탑골공원에 모여있던 학생과 시민은 별도로 독립 선언식을
거행하고 "독립 만세!"를 외치기 시작했습니다. 고종의 장례식에
참석하기 위해 전국 각지에서 올라온 사람들도 이 시위에 합류했
습니다. 시위대 중 일부는 덕수궁으로 들어가 고종 황제의 영전에
조례를 올리고 프랑스 영사관에 들어가 조선인의 독립 의지를 본
국에 통고해줄 것을 요구했으며 미국 영사관 앞에서 혈서를 들고
시위를 벌이는 사람도 있었습니다.

사람들은 태극기를 흔들며 밤늦게까지 서울 시가지를 행진했
습니다. 학생들은 서울 곳곳에서 연설을 하거나 신문, 전단, 선언
서를 배포하여 군중을 모으는 등 시위를 주도했습니다. 서울은 곧
만세 소리로 뒤덮였고 이렇게 시작된 만세 시위는 순식간에 전국
주요 도시로 확산되었습니다.

국내외로 빠르게 퍼져나간 만세 운동

3월 1일 비슷한 시간에 평양, 원산 등 주요 10여 개 도시에서 동시에 만세 시위가 벌어졌습니다. 지방 도시에서 서울과 같은 날 만세 시위가 일어날 수 있었던 것은 종교 조직을 통하여 사전에 조직화 작업과 함께 독립 선언서가 배포되는 등 준비가 진행되었기 때문입니다. 이 열기는 철도와 주요 도로를 따라 인근 도시와 농촌으로 빠르게 퍼져나갔습니다. 3월 10일 무렵부터는 지방의 군 단위에서도 시위가 일어났고, 3월 말~4월 초 사이에는 전국이 독립 만세 소리로 뒤덮였습니다.

전국 각지에서 학생과 종교 단체가 중심이 되어 시위를 전개했고 교사, 노동자, 상인 등도 가담했습니다. 수많은 학교에서 동맹 휴학이 잇따랐고, 상인들은 가게 문을 닫고 시위에 참여했으며, 기생과 걸인까지도 만세 시위에 가담했습니다. 노동자들은 학생들과 연대 시위를 벌이거나 동맹 파업 투쟁을 전개했습니다.

3·1운동은 비폭력·무저항주의로 출발했지만 만세 시위가 도시에서 농촌으로 확산되면서 점차 폭력적인 양상을 띠었습니다. 일본에게 피해를 본 농민들이 참여하면서 비폭력의 틀에 더 이상 얽매이지 않았기 때문입니다. 농민들은 면사무소나 군청 등을 습격하여 세금 징수 장부 등을 불태우는가 하면 주재소와 경찰 관서를 공격하거나 일본인 지주와 상인, 고리대금업자도 응징했습니다.

미국 필라델피아에서 행진하는 동포들

농촌의 만세 시위는 주로 장날에 장터를 중심으로 전개되었습니다. 도시에서 귀향한 학생들과 지방 유지들이 만세 시위에 중요한 역할을 했습니다. 전국 각지에서 일어난 만세 시위는 4월 중순부터 수그러들기 시작했지만 일부 지역에서는 5월 말까지 계속되었습니다.

만세 시위는 국내에서만 전개되었을까요? 만주와 상하이, 연해주와 시베리아, 미주 지역에 이르기까지 우리 동포가 많이 거주하는 대부분의 지역에서 만세 시위가 전개되었습니다.

서간도에서는 부민단을 중심으로 수백 명이 모여 독립 축하회를 열어 만세 시위를 전개했고, 북간도에서는 1만여 명의 한국인들이 용정에 모여 독립 선언을 하고 만세 시위를 벌였습니다. 미

국의 필라델피아에서는 하와이·미국·멕시코 등 미주 지역 동포가
모여 3일간 한인 자유대회를 열고 태극기를 흔들며 시가행진을 했
습니다. 일본의 도쿄, 오사카 등에서도 유학생들이 모여 독립 만세
를 외치며 시위를 전개했습니다. 일본은 온 나라가 독립 만세 함
성으로 뒤덮이자 군대와 헌병 경찰 등을 동원해 시위를 폭력적으
로 진압했습니다.

우리 민족의 독립 의지를 전 세계에 알린 3·1운동

　3·1운동이 일어났던 시기에 무단 통치가 전개되고 있었다는
사실을 잊어서는 안 됩니다. 일본은 시위 군중을 총과 칼로 무력
진압했습니다. 진압 과정에서 주모자는 체포하고 단순 가담자들
에게는 태형을 가했습니다.

　일본군의 무자비한 탄압에도 불구하고 3·1운동의 영향으
로 218개의 부와 군(당시 전국에는 232개의 부와 군이 있었습니다)에서
1,500회 이상의 만세 시위가 벌어졌고, 약 200만 명이 참가한 것으
로 추정합니다. 일본은 만세 운동이 일어난 지역에 총기를 발포했
으며 수많은 사상자가 발생했습니다. 외국 언론들은 다음과 같이
3·1운동을 보도하기도 했습니다.

　조선인들이 입으로만 독립 만세를 외쳐 혁명을 일으킨 것이 아

니라 문명적이고 질서 있는 행동으로서 천부의 자유와 독립을 성취하려는 것인즉, 일본에게 양식이 있다면 마땅히 경애하고 공대하는 데 힘써야 할 것이다.

- 중국 유일일보(1919년 4월 29일 자)

일본 정부는 한국을 일본의 한 지방으로 만들어버리는 데 성공하리라 믿었다. 일본은 한국의 언어를 없애고 옛 전통을 말살하는 방법을 취했다. 멀리서 우리에게까지 전해진 한국인의 고난에 찬 절규를 강화 회의가 묵살해버릴 것이 확실하다. 알자스-로렌 지방을 해방시킨 우리가 한국인이 영원히 노예 상태에 머물러 있게 됨을 그대로 참고 보고만 있어야 하는가?

- 프랑스 앙탕트(1919년 7월 7일 자)

외국 언론들의 보도를 통해 3·1운동은 우리 민족의 독립 의지를 전 세계에 알리고 국제적으로도 큰 반향을 일으켰다는 것을 확인할 수 있습니다. 그러나 전국 방방곡곡뿐만 아니라 해외 곳곳에서 일어난 만세 운동은 일제의 무자비한 탄압으로 진압되었고 결국 독립을 이루지는 못했습니다.

3·1운동의 의의

3·1운동에 대해서 꼭 기억해야 할 것이 있습니다. 3·1운동은 1차 세계대전 이후 승전국의 식민지에서 일어난 최초의 반제국주의 운동이었습니다. 더 나아가 이념과 계급의 차이를 초월하여 전개된 전 민족적 항일 운동으로 우리 민족의 독립 의지를 전 세계에 알린 역사적인 사건이라는 사실입니다.

3·1운동은 국내외에 많은 영향을 끼쳤습니다. 먼저 일본의 폭력적인 무단 통치가 조선인을 회유하는 이른바 '문화 통치' 방식으로 바뀌었습니다. 이러한 문화 통치를 배경으로 1920년대에는 민족 운동과 사회 운동이 활발해졌습니다. 만세 운동에 참여했던 경험이 여러 분야에서 사회 운동을 활발하게 하도록 만든 밑거름이 된 것입니다.

3·1운동은 우리가 독립을 하려면 어떻게 해야 하는지에 대한 과제를 던져주었습니다. 청원이나 비폭력 시위로는 독립을 이룰 수 없다는 사실을 깨달으면서 만주나 연해주에서 활발하게 무장 독립 투쟁이 전개되었습니다.

3·1운동은 세계 여러 약소 민족의 반제국주의 민족 운동에 큰 자극제가 되었습니다. 이에 따라 중국에서는 5·4운동이 일어났고, 인도에서는 비폭력·불복종 운동이 전개되었습니다. 베트남, 필리핀 등 식민 상태에 있던 아시아 각국의 민족 운동에도 큰 자극이 되었습니다.

3·1운동은 대한민국 임시 정부 수립의 토대가 되었습니다. 일본에 맞서 결사 항전을 하려면 통일적 지도부가 필요하다는 문제의식이 제기된 것입니다. 이에 따라 국가의 주권이 국민에게 있고 국민이 선출한 대표자들이 법에 따라 나라를 다스리는 공화주의에 입각하여 우리 민족의 독립 운동을 이끌 대한민국 임시 정부가 탄생했습니다.

2장.
각지에 세워진
임시 정부

국내외 세워진
8개의 임시 정부

200만 명의 함성이 한반도를 뒤덮었던 1919년 3월 1일, 만약 여러분이 그곳에서 만세 운동을 함께했다면 어떤 아쉬움을 느꼈을까요?

우리는 3·1운동을 통해 독립국임을 대내외에 선포했습니다. 하지만 계획과는 달리 민족 대표 33인이 함께하지 못했고, 구심점이 되는 정부나 조직이 없었기 때문에 우리 민족의 열망과 의지를 한곳에 결집시킬 수 없었습니다. 이러한 아쉬움에 체계적이고 조직적인 독립 운동의 필요성을 느꼈고, 그 결과 3~4월에 국내외 각지에서 임시 정부가 수립되었습니다.

교과서에는 3개의 임시 정부만 나와 있습니다. 하지만 실제로는 8개의 임시 정부가 수립되었습니다. 8개의 임시 정부 중 실제적인 조직과 기반을 갖추고 활동한 곳은 교과서에도 나오는 연해주의 대한 국민 의회와 서울의 한성 정부 그리고 중국 상하이의 망명 정부입니다. 이외에도 조선민국 임시 정부(서울불온서적), 신한민국 정부(평안도), 대한 민간 정부(천도교, 기호지방), 고려 공화 정부, 간도 임시 정부 등이 수립되었지만 이들은 주체나 수립 과정이 분명하지 않은 채 전단으로만 발표된 정부였습니다.

국내외 각지에 세워진 임시 정부는 하나의 공통점이 있습니다. 모든 정부가 '인민이 평등하고 인민에게 주권이 있는 민주 공화정'을 지향했다는 점입니다.

연해주에 수립된 최초의 임시 정부 대한 국민 의회

가장 먼저 수립된 임시 정부는 러시아 연해주에 수립된 '대한 국민 의회'입니다. 교과서에는 대한 국민 의회를 "연해주 지역에 대한 국민 의회가 수립되었다."라는 단 한 줄로 소개되어있으며, 임시 정부 통합 과정을 다룰 때 "연해주 지역의 이주민을 기반으로 조직된 대한 국민 의회와 망명한 민족 운동 지도자들이 중심이 되어 조직한 대한민국 임시 의정원 사이에 통합 논의가 진행되었고 통합이 결정되었다."라고만 언급되어있습니다. 여기서는 교과서에 간략하게 소개되어있는 대한 국민 의회에 대해 자세히 알아보고자 합니다.

대한 국민 의회는 연해주와 근처 지방 그리고 북간도에 거주하는 수만 명의 한국인을 기반으로 수립된 우리 민족에게 큰 의의가 있는 정부입니다. 대한 국민 의회의 수립 과정은 다음과 같습니다.

1919년 2월 25일부터 3월 초까지 러시아의 니콜리스크(현재의 우수리스크)에서 한국인을 대표할 수 있는 정부 조직을 수립하기 위해 '전로조선인회의'가 개최되었습니다. 이 회의에는 러시아뿐만 아니라 중국 서간도와 북간도, 국내 대표 등 모두 80여 명이 참석했습니다. 2월 28일부터 정부 구성에 착수해 의장 문창범, 부의장 김철훈과 김알렉산드르, 서기 오창환, 외교부장 최재형, 선전부장(후에 군무부장) 이동휘, 재정부장 한명세 등을 선출했습니다.

1919년 3월 17일, 대한 국민 의회 명의의 독립 선언서를 발표하면서 대한 국민 의회 성립을 공식적으로 선포했습니다. 3월 21일에는 '한국의 독립, 대한 국민 의회를 임시 정부로 승인, 승인이 되지 않는다면 일본과의 혈전을 전개할 것'이라는 5개항의 결의문과 함께 임시 정부 각료 명단을 발표했습니다.

대한 국민 의회는 핵심 직책을 선정할 때 여러 가지를 고려했습니다. 고심 끝에 선정된 정부 각료는 다음과 같습니다.

먼저, 임시 정부의 정통성을 확립하기 위해 3·1 독립 선언의 대표인 손병희를 대통령으로 추대했고, 국내와의 연락 관계를 고려하여 박영효를 부통령에 추대했습니다. 그리고 향후 미국 지역이 독립 운동에 중요한 역할을 할 것이라고 판단하여 미국에서 인망이 높은 이승만과 안창호를 국무총리와 내무총장에 각각 선임했습니다. 하지만 이들은 연해주에서 활동하지 않았기 때문에 실권은 군무총장 이동휘, 탁지총장 윤현진, 산업총장 남형우, 참모총장 유동열 등이 주도했습니다.

상하이에서 정부 수립 활동을 조직적으로 전개하다

임시 정부 수립을 위한 활동은 중국 상하이에서 가장 조직적으로 진행되었습니다. 상하이에서는 파리 강화 회의에 김규식을 대표로 파견하고, 나라 안팎에 대표를 보내면서 3·1운동을 간접적으로 지원했습니다.

독립 의지를 분출했던 3·1운동은 상하이 독립 운동가에게 큰 자극이 되었고 정부 수립에 적극적으로 나서게 했습니다. 상하이에서의 이와 같은 움직임은 세계 각지에 파견되었던 신한 청년당 대표들과 연해주, 서·북간도, 베이징 등지의 저명한 독립 운동가를 상하이로 모이도록 했습니다.

상하이에 독립 운동가들이 집결하자 프랑스 조계 보창로 329호에 독립 임시 사무소가 설치되었습니다. 독립 임시 사무소는 독립 운동을 위한 최고 기관이 세워지기 전까지 한시적으로 실무 기구 역할을 담당했습니다. 독립 임시 사무소에는 이광수, 최근우를 비롯하여 미국에서 온 여운홍, 민족 대표 33인에게서 권한을

1920년대 상하이 와이탄 전경

상하이 와이탄의 현재 모습

위임받아 상하이로 파견된 현순 등이 참가했습니다. 특히 현순은 이승훈이 천도교 측에서 받은 자금 5,000원 가운데 2,000원을 가지고 상하이에 왔습니다. 이 자금은 상하이 임시 정부가 조직되는 데 큰 역할을 했습니다.

1919년 3월 26~27일에 상하이 프랑스 조계의 한 예배당에서 독립 운동을 이끌 최고 기관을 논의하는 모임이 열렸습니다. 3월 말경에는 독립 운동가들 사이에서 큰 영향력을 지닌 이동녕, 이시영, 조소앙, 조완구, 김동삼, 조영진 등이 상하이에 도착하면서 정부 수립 논의가 가속화되었습니다. 독립 임시 사무소는 '8인 위원회'를 구성하여 논의한 끝에 4월 초 임시 의회를 설립하기로 결정했습니다.

1919년 4월 10일 오후 10시, 프랑스 조계 김신부로의 한 셋집에서 시작된 정부 수립을 위한 첫 회의는 다음날 오전 10시까지 이어졌습니다. 29명의 의원이 출석한 이 회의에서 '임시 의정원'이라는 명칭의 의회를 구성하고 이동녕을 의장으로 선출했습니다.

임시 의정원 의장	이동녕	국무총리	이승만
내무총장	안창호	외무총장	김규식
법무총장	이시영	재무총장	최재형
군무총장	이동휘	교통총장	문창범

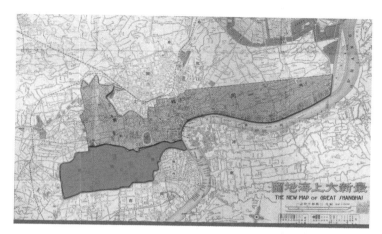

상하이 프랑스 조계 위치

독립의연금으로 마련한 대한민국 임시 정부 첫 청사

또한 국호와 연호 및 관제를 결의하고 임시 헌장 10개조와 정강 6개조를 통과시켰습니다. 이러한 노력의 결과 1919년 4월 11일, 상하이에서 대한민국 임시 정부가 수립되었습니다.

상하이 임시 정부을 제대로 알려면 임시 의정원에 주목해야 합니다. 임시 의정원이 있었기 때문에 임시 정부가 수립될 수 있었고, 임시 의정원에 의해 임시 정부로서의 위상을 지닐 수 있었기 때문입니다.

한성 정부 국민대회를 통해 수립되다

대한 국민 의회와 상하이 임시 정부와 달리 한성 정부는 국내에서 수립되었습니다. 교과서에는 "한성 정부는 경성, 서울에 수립되었다."라고 언급되어있습니다. 그러나 한성 정부는 이 한 줄로는 설명할 수 없는 큰 의의를 지니고 있습니다.

한성 정부는 다른 임시 정부와 달리 13도 대표의 국민대회를 거쳐 수립되었는데, 이와 같은 국민적 절차를 통해 조직되었기 때문에 여러 임시 정부가 통합되는 과정에서 정통성을 확보할 중요한 명분을 갖게 되었습니다. 또한 3·1운동을 주도한 세력 중 일본 경찰에게 체포되지 않은 홍진, 이규갑, 한나수, 김은국 등이 중심이 되었기 때문에 3·1운동 정신을 가장 선명하게 이어받은 정부라 할 수 있습니다. 한성 정부의 수립 과정은 다음과

한성 정부 국민대회 선포문

같습니다.

3·1운동 직후 서울에서는 이규갑, 김사국 등 기독교 세력이 주도하여 국민대회를 준비했고, 신태련 등의 천도교 측 인물들도 가세했습니다.

1919년 3월 17일 이규갑, 한남수 등은 비밀 독립 운동 본부를 조직하고 정부 수립에 대한 구체적인 절차와 방법을 논의했습니다. 4월 2일에는 인천 만국공원 인근 음식점에서 도교 대표 안상덕, 기독교 대표 박용희·장붕·이규갑, 불교 대표 이종욱, 유교 대표 김규 및 13도 지방 대표 등 약 20여 명의 각계 대표들이 모여 비밀 회의를 열었습니다. 이 회의에서 빠른 시일 안에 서울에서 국민대회를 개최하여 임시 정부 수립을 국내외에 선포하고, 파리 강화 회의에 임시 정부 대표를 파견하기로 결정했습니다.

1919년 4월 23일 국민 대표 25인은 서울 종로의 봉춘관에 모여 극비리에 정식으로 국민대회를 개최하고 '국민 대표 취지서', '선포문', '임시 정부 약법' 등을 채택했습니다. 이 국민대회에서 임시 정부의 각료, 평정관, 파리 강화 회의에 파견할 국민 대표를 선임했습니다.

집정관 총재	이승만	국무총리 총재	이동휘
외무부 총장	박용만	내무부 총장	이동녕
재무부 총장	이시영	군무부 총장	노백린
법무무 총장	신규식	학무부 총장	김규식
교통부 총장	문창범	노동국 총관	안창호
참모부 총장	유동열		

한성 정부를 조직한 국민대회의 대표자들은 4월 23일 정오를 기하여 학생과 시민 대표를 종로 보신각 앞, 서대문, 동대문, 남대문 등 4곳에 보내 대규모 시위를 벌였습니다. 이 시위 운동은 태극기를 들고 "독립 만세!"를 부름과 동시에 "국민대회, 공화 만세!" 구호를 외치고 '국민 대표 취지서', '선포문', '임시 정부 약법' 등의 전단을 뿌리면서 전개되었습니다.

그러나 이 시위 운동은 일본 경찰이 현장에서 주동자를 검거하고 사건과 관련된 270여 명을 추가로 잡아들이면서 큰 시위로 발전하지는 못했습니다. 하지만 우리 민족과 일본 경찰에게 한성 정부의 수립을 알리는 계기가 되었습니다. 당시 미국 최대 통신사 이자 오늘날 UPI 통신의 전신인 UP 통신은 전 세계에 한성 정부 수립과 국민대회를 보도했습니다.

임시 정부의 통합 움직임

3·1운동 이후 일본의 탄압과 방해로 독립 운동가들은 서로 긴밀한 연락을 취할 수 없었습니다. 그래서 국내외 각지에서 임시 정부가 우후죽순으로 수립된 것입니다.

각각의 임시 정부에서 독립 운동을 각자 전개하는 것도 필요하지만 통합되지 못한 임시 정부는 결국 우리 민족을 대표할 수 없습니다. 임시 정부가 통합되지 못한다면 각각의 임시 정부는 계속해서 분열할 것이고 어떤 임시 정부가 더 많은 법통성을 갖고 있는지 경쟁할 수밖에 없습니다.

이런 상황에서 상하이에 임시 정부가 수립되면서 3개 정부가 힘을 모아야 한다는 의견이 나왔습니다.

통합 임시 정부를 위한 노력

3개의 임시 정부 통합 논의는 1919년 4월 15일, 대한 국민 의회가 상하이에 원세훈을 파견하면서 시작되었습니다. 대한 국민 의회는 처음에는 임시 정부를 러시아령에 두자고 제안했지만 이후 외교부와 교통부만 상하이에 남기고 나머지는 모두 중국의 지린 또는 시베리아로 옮기자고 제의했습니다.

이에 상하이 임시 정부는 1919년 5월과 7월에 열린 두 차례 회의를 통해 임시 정부의 위치는 상하이에 두되 변경할 수 있고, 의회는 연해주에 두되 대한 국민 의회에서 선출할 수 있는 의원 수는 6인 이내로 제한한다는 내용을 의결했습니다.

상하이 임시 정부는 이 결의안을 가지고 내무차장 현순을 특사로 파견하여 대한 국민 의회의 이동휘와 협의했습니다. 그 결과 정부와 의회의 위치를 멀리 분리하는 것은 불합리하므로 임시 정부와 의회를 모두 상하이에 두고, 대한 국민 의회 의원의 4/5가 상하이 의정원의 의원이 되는 것으로 합의했습니다. 하지만 합의가 곧바로 통합으로 이어지지 못한 채 시간만 흘렀습니다.

두 정부 통합 문제는 미국에서 온 안창호가 상하이 임시 정부 내무총장 겸 국무총리 대리로 취임하면서 가속화되었습니다. 안창호는 상하이 임시 정부 대표 인사들을 각지로 보내 의견을 모으고 새로운 통합안을 제안했습니다. 통합안의 핵심은 상하이와 연해주에서 수립된 임시 정부는 모두 없애고, 국내에서 13도 대표를 중심으로 수립한 한성 정부를 계승하는 형식으로 임시 정부의 통합을 이루자는 것이었습니다. 그리고 통합 정부의 위치는 상하이에 둘 것, 정부의 이름은 '대한민국 임시 정부'로 할 것, 상하이와 연해주의 각원은 모두 사퇴하고 한성 정부에서 선출한 각원으로 하여금 통합 정부의 각원을 맡도록 할 것 등의 내용도 있었습니다.

연해주의 대한 국민 의회는 이 통합안을 협의하기 위해 의원 총회를 열었습니다. 그 결과 한성 정부를 봉대한다는 전제하에 대국적인 차원에서 상하이 임시 정부와의 통합을 결정했고 만장일치로 대한 국민 의회의 해산을 선포했습니다. 이로써 상하이 임시 의정원과 대한 국민 의회의 통합이 실현되었습니다.

대통령제로 운영되는 통합 임시 정부

상하이 임시 정부와 한성 정부의 통합은 비교적 순조롭게 이루어졌습니다. 정부 수립을 전후해 양측 인사들이 꾸준히 교류했기에 통합에 거부감이 적었습니다. 두 정부의 통합은 임시 의정원 회의에서 임시 정부 개조안과 임시 정부 헌법 개정안이 통과되면서 이루어졌습니다. 임시 정부 개조안은 정부의 조직을 한성 정부의 조직안대로 하고, 헌법 개정안은 한성 정부의 집정관 총재를 대통령으로 고쳐 대통령 중심제로 한다는 것입니다.

우여곡절 끝에 임시 정부 개조안이 합의된 후 1919년 9월 6일

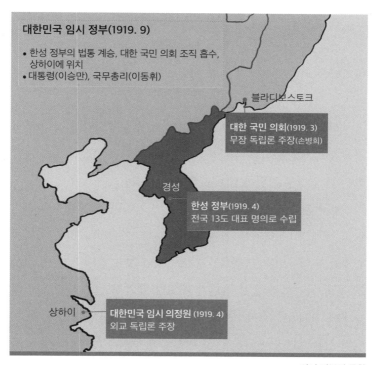

대한민국 임시 정부(1919. 9)

- 한성 정부의 법통 계승, 대한 국민 의회 조직 흡수, 상하이에 위치
- 대통령(이승만), 국무총리(이동휘)

블라디보스토크

대한 국민 의회(1919. 3)
무장 독립론 주장(손병희)

경성

한성 정부(1919. 4)
전국 13도 대표 명의로 수립

상하이

대한민국 임시 의정원 (1919. 4)
외교 독립론 주장

임시 정부의 통합

통합 임시 정부의 개정 헌법이 탄생했고, 9월 11일에는 신헌법을 공포하고 내각을 발표하면서 '상하이 통합 임시 정부' 시대가 시작되었습니다.

　그런데 우리는 상하이 통합 임시 정부가 수립되면서 한성 정부의 '집정관 총재'라는 명칭이 '대통령'으로 바뀐 부분에 주목해야 합니다.

이 부분은 이승만과 깊은 관련이 있습니다. 이승만은 상하이 임시 정부에서는 국무총리로, 한성 정부에서는 집정관 총재로 임명되었습니다. 오늘날로 치면 이승만은 여러 집단과 단체에서 사랑받는 '핵인싸'였던 것입니다.

이승만은 두 정부로부터 핵심 직책에 임명되자 한성 정부의 집정관 총재만 받아들여 미국 워싱턴에 '대한공화국 임시 사무소'라는 한성 정부 간판를 내걸고 활동했습니다.

여러분도 동시에 2개의 제안을 받는다면 본인의 가치관이나 신념에 따라 하나를 선택할 것입니다. 이승만은 많은 권한과 권력을 누릴 수 있는 쪽에 무게를 두었던 것 같습니다. 한성 정부는 독립 국가로서 정식 국회가 개원될 때까지 정부 수반인 집정관에게 절대 권력을 보장해준 반면, 상하이 임시 정부는 정부 수반의 선출권과 탄핵권은 임시 의정원에 부여하고 행정권만 국무총리가 중심이 되는 국무원에 일임했기 때문입니다. 즉 상하이 임시 정부는 국무총리가 권력을 남용할 수 없도록 제도적으로 차단한 것입니다.

당시 통합 임시 정부는 명망 높은 이승만을 합류시켜야만 했기에 결국 그의 요구사항이었던 대통령제를 채택한 개정 헌법을 만들었습니다.

1919년 9월 6일 통합 임시 정부의 개정 헌법이 탄생하고, 9월 11일 신헌법이 공포, 내각이 발표되면서 상하이 통합 임시 정부 시대가 본격적으로 시작되었습니다.

황제의 나라에서 국민의 나라로

　통합된 임시 정부는 독립 운동 단체와 우리 민족의 광범위한 지지를 받았습니다. 중국과 러시아 일대에서 활동하고 있는 45개 단체들이 통합된 상하이 임시 정부에 지지 의사를 밝혔습니다.

　통합 임시 정부 수립에 대해서 꼭 알아야 하는 것이 있습니다. 상하이 대한민국 임시 정부는 1910년 국권을 피탈당한 지 9년 만에 3·1운동 정신을 계승하여 단절되었던 한민족 정권을 다시 세웠다는 것입니다.

　정치 체계에 있어서는 오랜 기간 이어온 군주제가 폐지되고, 한국 역사상 최초로 헌법에 기초한 민주 공화제의 정부가 수립되었습니다. 이것은 황제의 나라에서 국민의 나라가 되었다는 것을 보여줍니다.

3장.
상하이 임시 정부

독립 운동의
거점이 된 상하이

저는 최근에 고향인 대구보다 상하이를 더 자주 다녔습니다. 3·1운동과 임시 정부 수립 100주년이었던 2019년에는 매달 최소 1번은 상하이로 역사 탐방 투어를 떠났습니다. 오늘날 중국 무역과 금융의 중심지이자 세계적인 관광 도시로 손꼽히는 상하이는 우리에게 독립 운동의 성지와도 같은 곳입니다. 제가 상하이로 자주 역사 탐방을 가는 이유이기도 합니다.

상하이는 1919년 4월 임시 정부가 수립된 이후 1932년 윤봉길의 의거 이전까지 한국 독립 운동의 최고 거점이었습니다. 물론 처음부터 상하이가 한국 독립 운동의 중심지였던 것은 아닙니다. 1910년대까지만 해도 만주와 연해주 지역이 우리나라 독립 운동가들의 거점이었습니다. 3·1운동이 전개되던 시기에 상하이에 거주한 한국인은 1,000명도 채 되지 않았습니다. 반면에 블라디보스토크를 중심으로 한 연해주에는 15만 명의 한국인이 거주했고, 독립 운동을 위한 조건도 상하이보다 훨씬 우위에 있었습니다.

3·1운동 이후 상하이는 독립 운동의 구심점 역할을 했습니다. 그러면 어떻게 연해주가 아닌 상하이가 독립 운동의 중심지가 되었을까요? 그리고 왜 통합 임시 정부는 많은 지역 중 상하이에 수립된 것일까요? 이는 상하이 역사 탐방에서 가장 많이 듣는 질문이기도 합니다.

치외법권 지역이자 중국 혁명 운동의 중심

독립 운동가들이 정부를 수립할 때 가장 먼저 고려했던 점은 일본의 감시와 탄압을 피하는 것이었습니다. 상하이는 중국이 1840년 아편 전쟁에서 패배한 후 개항한 곳입니다. 아편 전쟁 이후 상하이에는 영국뿐 아니라 프랑스, 미국 등의 조계지가 개설되었습니다. 상하이에 개설된 조계들은 중화민국의 주권에 속했으나 경찰력 및 행정력이 국제적으로 위임된 치외법권*적 성격을 지닌 공간이었습니다.

상하이는 프랑스 조계와 공공 조계 그리고 중국인 거주지와

---

* **치외법권** : 외국인이 자신이 체류하고 있는 국가의 법률과 규칙을 따르지 않아도 되는 권리를 말합니다.

일본인 거주지로 나뉘었습니다. 그중 우리나라 독립 운동 세력들은 정치적 망명자에게 관대한 상하이 프랑스 조계지를 주목했습니다. 프랑스 조계에서는 외국 판사나 재판소가 자국민에 대한 영장을 이행할 때 긴급한 상황을 제외하고는 프랑스 영사관이나 경찰 책임자에게 사전 통보를 했습니다. 이에 프랑스 조계 당국은 사전 통보된 정보를 직간접적으로 한국인 독립 운동가에게 제공하여 피신할 수 있도록 해주었습니다.

이와 같은 이유로 상하이 프랑스 조계는 우리나라 독립 운동 세력의 도피처로 최적의 장소이자 일본의 영향력이 가장 적은 지역이 되었고, 아울러 조계지로서의 국제성도 가졌기 때문에 우리나라 독립 운동의 구심점 역할을 할 수 있었습니다.

우리나라 독립 운동가들은 상하이를 중국 혁명 운동의 중심지로 생각했으므로 한국과 중국이 혁명의 힘을 합쳐 제국주의 침략에 맞설 수 있는 최적의 장소라고 여겼습니다. 1911년 신해혁명으로 중국은 청나라가 무너지고 쑨원을 대총통으로 하는 중화민국이 수립되었습니다. 상하이는 신해혁명 당시 중요한 활동이 이루어졌던 혁명적인 지역입니다. 신해혁명의 현장에 신규식을 비롯한 우리나라 독립 운동가들이 도착하여 혁명에 힘을 보태기도 했습니다. 그리고 이들을 중심으로 독립 운동 단체인 동제사와 교육 기관인 박달학원 등이 상하이에 조직되면서 독립 운동의 교두보가 만들어졌습니다. 이를 계기로 상하이에 독립 지사들이 속속 모여들었습니다. 상하이는 한국뿐만 아니라 베트남, 인도 등 동아시아 식민지 국가들의 민족 운동의 무대가 되었습니다.

외교 독립론을 전개하기 위한 최고의 지역

상하이가 독립 운동의 구심점이 된 역사적 사실을 통해 우리
는 당시 독립 운동 세력들이 추구했던 노선을 엿볼 수 있습니다.
그 당시 독립 운동 세력들은 독립을 위한 방법으로 '외교 독립론'
을 생각했습니다.

외교 독립론은 미국과 영국 등의 외교적 후원에 힘입어 독립
을 이루자는 노선입니다. 1차 세계대전 종전 이후 전후 질서를 수
립하기 위한 평화 회의가 1919년 1월부터 파리에서 열렸는데, 이
파리 강화 회의에 파견된 대표단과 가장 효율적으로 연락할 수 있
었던 장소가 바로 상하이 프랑스 조계였습니다.

외교 독립론을 전개하기 위해 조계지인 상하이보다 좋은 곳
은 없었습니다. 강대국들의 외교 공사관과 여러 시설이 모여있어
우리 민족이 일본에 당한 억압과 고통을 알리고 강대국의 후원과
지원을 받기에 용이했기 때문입니다.

이처럼 상하이는 여러 복합적인 이유로 우리나라 독립 운동
의 구심점으로 부각되었고 통합 임시 정부가 수립되어 활발한 독
립 운동이 전개되었습니다.

임시 정부의 혈관,
교통국과 연통제

임시 정부의 비밀 연락조직망, 교통국

상하이 임시 정부의 초기 활동을 살펴보겠습니다. 임시 정부가 본격적으로 활동하기 전에 반드시 갖춰야 할 것이 있는데 바로 비밀 연락조직망입니다.

상하이 임시 정부는 지리적으로 국내와 멀리 떨어져 있습니다. 조계지인 상하이에서 강대국들로부터 얻는 정보, 국내외에서 받은 정보와 독립 운동 자금 등을 안전하게 전달하고 국내 항일 세력들과 연락하려면 정상적인 방법으로는 일본의 감시를 피할 수 없었습니다. 이러한 상황을 극복하기 위해 조직된 비밀 연락조직망이 바로 '교통국'입니다.

교통국은 교통부 우편 사무를 위해 중요한 지점에 설치한 것으로 임시 정부와 국내 및 만주 지역 독립 운동 단체의 통신 업무를 전담했습니다.

다들 학창 시절에 선생님들의 별명을 만들어 불렀던 추억이 있지 않나요? 저는 '호랑이 선생님'이라고 불린 무서운 선생님이 야자(야간 자율학습) 시간에 잠깐 자리를 비우다 돌아오면 "타이거 떴다!"라며 친구들에게 알려주었던 기억이 있습니다. 어설프게나마 저는 반 친구들을 위해 교통국 역할을 했던 것입니다.

교통국은 초기에는 통신 연락 업무에 주력했기 때문에 독특한 암호를 제작할 수밖에 없었습니다. 원활한 통신 업무를 위해 각 교통국은 서신 또는 전신용으로 한글과 일본 문자, 아라비아 숫자, 영자로 된 암호를 시기에 따라 정하고 독특하게 사용했습니다. 그러다가 점차 정부의 지령 서류를 군내에 전달하는 것, 교통국의 조직 및 독립 운동을 위한 인물 소개와 연락, 국내의 정보를 수집하여 정부에 보고하고, 물건을 송부하거나 무기 탄약을 운반하는 등 독립 운동 전반에 관련한 중요 사항들을 집행했습니다.

임시 정부는 일본 경찰의 탄압을 피해 평안남북도, 함경남도, 황해도, 서울을 포함한 한반도 북부 지역을 중심으로 교통국 지국을 설치했습니다. 국내 각지에 지국을 설치하려는 초기의 계획은 달성하지 못했지만 안동 교통사무국을 기반으로 그 조직을 국내로 확대시켜나갔습니다. 교통국 조직 체계를 정리하면 다음과 같습니다.

1919년 10월 17일 이전에는 교통지부 1곳(안동 교통지부), 교통국 3곳(의주 북구교통국, 의주 남구교통국, 강변 8군교통국), 통신국 1곳(관전 통신국)이 있었습니다.

1919년 10월 17일 이후에는 교통사무국이 3곳(안동 교통사무국, 함경남도 교통사무국, 경성 교통사무국), 교통지국이 18곳(구성군, 의주군, 선천군, 평양, 사리원, 강변8군, 풍산군, 삼수군, 팔도구, 함흥, 홍후, 사동, 갑산, 북청, 단천, 이천(원), 접후, 홍원)이 있었습니다.

독립 운동의 든든한 지원군이었던 안동 교통국

교과서에서도 교통국을 많이 강조하고 있습니다. 수능에서는 임시 정부 관련 문제의 정답으로도 자주 등장합니다. 하지만 교과서에는 단지 "통신 기관인 교통국은 정보의 수집과 분석, 연락 업무 등을 담당했는데 이륭양행에 설치된 안동(단둥) 교통국의 활동이 두드러졌다." 정도로만 서술되어있습니다. 여기서는 교통국이 구체적으로 어떤 일을 했는지 알아보겠습니다.

이륭양행과 안동 교통국은 바늘과 실 같은 존재입니다. 만주의 이륭양행에 근거를 두고 활동했던 것이 안동 교통국입니다. 안동 교통국은 현재 중국 요녕성 단둥시에 위치했습니다. 안동은 지리적으로 압록강을 사이에 두고 북한 신의주와 인접한 중국 최대의 육지 변경 도시입니다. 압록강만 건너면 바로 국내와 연결될 수

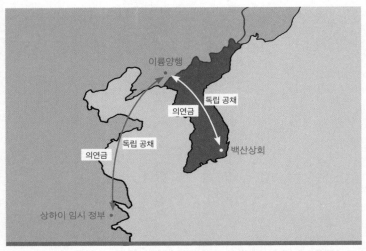

임시 정부와 교통국

있는 곳으로 상하이와 안동 사이에는 배편이 있었습니다. 즉 안동은 상하이와 국내를 연결하는 교통의 요충지였습니다.

안동에는 한국 독립 운동에 매우 협조적이었던 아일랜드 출신 조지 루이스 쇼가 있었습니다. 그는 무역회사 겸 중국의 태고 선복공사의 대리점인 이륭양행을 설립하여 경영하고 있었습니다. 임시 정부는 그의 건물 2층에 안동 교통국을 설치했습니다. 안동 교통국의 주요 임무는 임시 정부의 자금 모집, 국내의 정보 수집 및 보고, 임시 정부의 지령, 서류의 국내 전달, 독립 운동을 위한 인물 소개와 연락 등이었습니다. 이밖에도 한글 활자, 한국 지도, 무기 탄약 등을 국내에 반입하는 임무를 맡았습니다.

이륭양행 2층에 설치된 안동 교통국의 사무실은 국장 밑에 금전 모집과·통신과·인물소개과를 두었고, 교통소를 두어 소장 밑에 금전 모집계·통신계·인물소개계를 설치했습니다. 또한 안동 교통국은 조지 루이스 쇼의 비호 하에 사서함 1호를 만들어 직접 사용하거나 중국인과의 인맥을 활용하여 국내 화교들을 통해 직접 통신을 주고받았습니다.

안동 교통국은 임시 정부의 독립 운동뿐만 아니라 김원봉이 조직한 의열단, 대한 독립단 등 다른 독립 운동 단체에도 도움을 주었습니다. 안동 교통사무국 외에도 함경남도 교통사무국이 1921~1922년까지 활발히 활동했고, 강변8군 교통사무국은 1919년 후기부터 1920년까지 활발히 활동했습니다.

조선 총독부는 교통국의 활동을 그냥 두지 않았습니다. 조선 총독부는 철저하게 교통국을 탄압했고 안동 교통국도 많은 수난을 겪었습니다. 일본은 1920년 초부터 국장인 홍석익과 함께 황대벽, 김기준, 장재순, 홍정익 등을 체포하고 의주 교통지국, 선천 교통지국, 경성(서울) 교통지국, 평양 교통지국, 사리원 교통지국 등 조직을 파괴했습니다. 1920년 7월에는 이륭양행의 주인 쇼까지 체포했습니다.

안동 교통국의 활동은 크게 위축될 수밖에 없었습니다. 1920년 11월 체포되었던 쇼가 보석으로 출옥되면서 다시 활기를 띠기도 했지만 1922년 8월 27일 이륭양행의 고용원인 김문규가 체포당하면서 결국 쇼는 교통국에 대한 지원을 중지할 수밖에 없

었습니다. 안동 교통국의 업무는 사실상 중단되었고 임시 정부도
큰 타격을 받았습니다.

임시 정부의 팔과 다리였던 연통제

교통국만으로는 임시 정부가 조선 총독부의 행정 조직에 대
응하기 힘들었습니다. 이에 임시 정부는 국내의 도·군·면에 비밀
행정 조직인 '연통제'를 설치했습니다.

연통제는 내무총장 안창호가 대한민국 임시 정부 국무원령
제1호로 '임시 연통제'를 공포하면서 본격적인 업무를 시작했습
니다. 교과서에는 "연통제는 비밀 행정 조직이었다."라고만 언급
하여 구체적인 활동을 알 길이 없습니다. 연통제의 업무는 다음
과 같습니다.

연통제는 군자금 조달과 정보 보고, 정부의 문서와 명령 전달
등 다양한 업무를 담당했습니다. 1919년 11월 30일 서울에 임시
총판부가 설치되면서 연통제의 국내 조직과 기능이 확대되었습니
다. 임시 정부는 전국을 13도 12부 215군으로 나누고 이 행정 조
직에 따라 각 도·군·면 단위별로 연통제를 설치했는데 그 명칭을
달리하여 도에는 감독부를 두었고(감독 1인, 부감독 1인, 서기 3인, 재무
2인), 각 군에는 총감부(총감 1인, 부총감 1인, 서기 2인, 재무원 1인), 면
에는 사감부(사감 1인, 서기 1인, 재무 1인)를 설치했습니다. 도의 행

정 기구에는 독판, 군과 면에는 각각 군감, 면감을 두었습니다. 현재 자료가 빈약하여 정확한 현황은 알 수 없지만 국경 부근인 함경도와 평안도에서는 면 단위까지 연통제가 실시된 것으로 추정하고 있습니다.

전국 각지에 설치된 연통제는 제대로 활동할 수 있었을까요? 임시 정부와 교통·통신이 원활했던 평안도, 황해도, 함경도 등의 북부 지역에서는 연통제가 비교적 잘 운영되었습니다. 그러나 경기도와 충청도의 경우 파주, 개성 등 일부 지역에서만 연통제가 실시되었고 전라도, 경상도, 강원도는 조직이 제대로 설치되지 못해 사실상 활동이 거의 불가능했습니다.

연통제, 정체가 발각되다

연통제 또한 일본의 감시망에서 벗어나지 못했습니다. 전국 단위의 방대한 조직이다 보니 일제의 미행과 검속 등 감시망을 피하기가 쉽지 않았습니다.

연통제는 1919년 9월 임시 정부의 평안남도 특파원 유기준이 체포되면서 알려지기 시작했습니다. 유기준은 취조를 받는 도중 도주에 성공했지만 연통제 관련 서류를 일본에게 압수당했습니다. 일본은 연통제의 존재에 경악했고 모든 수사망을 동원해 함경북도와 평안북도의 연통제 조직을 찾고자 했습니다. 그 결과

1919년 12월 '함북 연통제 사건'이 발생했습니다. 함경북도의 독판·군감 등 47명이 체포되어 7~8개월 동안 혹독한 취조를 받은 후 1920년 8월 4일부터 함흥지법 청진지청에서 재판을 받았습니다. 이 재판은 당시 우리가 펼친 독립 운동계의 모습을 생생하게 보여줍니다.

일본은 법정이 협소하다는 이유로 전국 각지에서 모여든 400여 명의 방청인을 막고 피고인들만 입장시켰습니다. 재판장과 검사는 모두 일본인이었습니다.

재판 과정에서 김린서는 "이번 사건은 조선 독립을 도모한 것이라면서 서류의 적(敵)은 일본을 뜻한다."고 말했습니다. 이상호는 "걸핏하면 우리 조선인이 안녕질서를 문란케 한다고 하지만 실상 일본인이 우리의 안녕질서를 문란케 하기 때문에 우리는 안녕질서를 위하여 독립하려 한다."고 말했습니다.

당시 군의 서기였던 이운혁은 "나남 경찰서에서 몹시 얻어맞아 허위자백을 했다. 그날 다른 사람이 몹시 맞아 죽은 것을 보았다."고 진술했고, 김동식은 "검사가 나남 경찰서에서 경찰관과 동석해 심문했다."고 진술하여 체포된 후 경찰 조사 과정에서 고문이 행해졌고 검찰이 묵인했다는 사실을 세상에 밝혔습니다. 박원혁은 상하이 임시 정부의 상황을 "독립신문을 보고 알았다."고 답했습니다. 박원혁의 진술을 통해 임시 정부가 발행하는 독립신문이 연통제를 통해 배포되었다는 사실을 확인할 수 있습니다.

연통제의 구체적인 업무는 체포된 김린서가 지녔던 '목록견서*'를 통해 알려졌습니다. 여기에는 다음과 같은 연통제의 업무가 적혀있었습니다.

1. 군자금 모집
2. 군사 경험 있는 자를 조사 통지할 일
3. 독립 시위 운동을 행할 일
4. 각 관청과 군대에 있는 조선인의 상황을 조사 통지할 일
5. 병기·탄약에 관한 상황을 통지할 일
6. 구국금을 모집할 일

목록견서 : 김린서가 임시 정부의 경원선 연변(서울~원산) 특파원 명제세로부터 전달받은 지령 문서를 말합니다.

7. 시위 운동으로 피해 받은 상황을 조사 보고할 일

위에서 적시한 연통제의 업무를 볼 때 상하이 임시 정부가 외교 독립론에 중점을 두고 활동했지만 무장 독립 전쟁을 통한 독립도 어느 정도 고려했다는 것을 알 수 있습니다.

함북 연통제 사건 이후에도 일본은 지속적인 감시와 탄압으로 연통제 조직을 발각하고 와해시켜나갔습니다. 일본의 집요한 색출·검속·미행으로 인해 1921년에 접어들면서 사실상 연통제 조직은 붕괴되었습니다.

연통제는 상하이에 위치한 임시 정부와 국내 민중과의 지리적 한계를 극복하고 해외 망명 정부로서의 위상을 확보하는 데 결정적 도움을 주었습니다. 또한 연통제는 임시 정부에 대한 선전·통신 연락 그리고 자금 수합에 크게 기여했습니다.

앞에서 다룬 교통국과 함께 연통제가 임시 정부 활동에 미치는 영향은 절대적이었습니다. 임시 정부는 교통국과 연통제가 와해되자 국내 연락은 극소수 비밀 조직원과 국내 애국 단체에게만 의존할 수밖에 없었고 활동은 크게 위축될 수밖에 없었습니다.

임시 정부의 심장, 임시 의정원

임시 정부 수립을 위한 첫 단계, 임시 의정원

임시 정부 이야기를 할 때 반드시 나오는 임시 의정원에 대해 알아보겠습니다. 교과서에서는 임시 의정원의 구체적인 활동을 확인할 수 없습니다. 그저 "임시 정부는 우리 역사상 최초로 삼권 분립에 기초한 민주 공화제를 채택하여 임시 의정원(입법), 국무원(행정), 법원(사법)을 구성했다." 정도로 소개하고 있습니다. 교과서에도 설명되었듯이 임시 의정원은 임시 정부의 입법 기관입니다. 임시 정부의 사전 조직이자 대한민국 국회의 기원으로 임시 정부 헌법을 제정하고 개정하는 임무를 수행했습니다.

임시 의정원은 상하이에 설치된 독립 임시 사무소에서부터 시작됩니다. 독립 임시 사무소는 3·1운동이 마무리되자 각지에서 활동하고 있는 독립 운동가를 모아 독립 운동을 지속적으로 이끌어나갈 수 있는 정부 수립을 위한 준비 과정을 맡았습니다. 1919년 4월 10일 저녁 10시부터 4월 11일 오전 10시까지 상하이 프랑스 조계 김신부로의 집에 각 지방 출신 대표 29명이 모여 정부 수립을 결정하고 정부의 형태를 논의했습니다. 그 결과 상하이 임시 정부가 수립되었습니다.

정부를 수립하려면 먼저 의회가 필요했고 이에 따라 만들어진 조직이 임시 의정원입니다. 이 회의에서 국호와 연호의 제정, 정부 관제와 인선, 임시 헌장의 채택, 선수문과 정강의 혜택 등이 결정되었습니다. 이는 임시 의정원이 성립되고 최초로 열린 임시 의정원 회의이자 제헌 의회였습니다.

대한민국 국호의 의미

임시 의정원 회의에서 가장 치열하게 토론했던 사항은 무엇이었을까요? 저는 역사 강사로 활동하면서 곤혹스러울 때가 있습니다. 바로 강좌명을 지어야 할 때인데요. 〈승승장구 한국사 개념 강좌〉, 〈백발백중 문제 풀이 한국사〉와 같은 강좌명뿐만 아니라《한국사 만점 레시피》,《아리랑 한국사》등과 같은 교재 이름을 지을 때도 몇 날 며칠을 고민합니다.

상하이 임시 정부도 첫 임시 의정원 회의에서 국호와 연호의 제정을 놓고 한 치의 양보도 없는 논쟁을 벌였습니다. 처음에는 '조선공화국', '고려공화국' 등이 국호 후보로 올랐습니다. '대한'은 이미 망해버린 '대한제국'의 국호라는 이유로 반대하는 사람도 있었습니다. 이 반대 의견에 맞서 일본에 빼앗긴 이름을 다시 찾아온다는 의미가 있다며 찬성하는 의견이 나오기도 했습니다. 당시 회의록인 〈임시 의정원 기사록〉에 의하면 '대한민국'이라는 국호는 신석우의 동의와 이영근의 제청으로 가결되었다고 합니다.

'대한민국' 국호 제정은 크게 두 가지 의미가 있습니다.

첫 번째는 10년 전에 상실한 국가 이름인 '대한제국'에서 '대한'을 도로 찾아 쓴 것은 빼앗긴 국가를 되찾는다는 뜻을 가지고 있습니다. 두 번째는 정치 체제를 '제국'이 아닌 '민국'을 채택했다는 사실입니다. '민국'이라는 국호는 3·1운동 직전까지 소수 세력이 지지했던 복벽주의*를 완전히 극복했다는 것을 의미합니다. 국호로 '민국'을 채택한 것은 대한제국이 망한 지 9년밖에 지나지 않았지만 독립 후 새로 건설할 정부는 군주제가 아닌 백성의 나라인 민국, 즉 공화제로 한다는 데 국내외 독립 운동가들의 의견이 모아졌음을 파악할 수 있습니다. 이는 우리 역사에서 최초의 민주정체를 달성했음을 의미합니다.

4월 11일 최종적으로 국호를 '대한민국'으로, 연호를 '민국'

---

* **복벽주의** : 나라를 되찾고 임금을 다시 세우겠다는 주장으로 대한제국의 회복을 추구하는 독립 운동 이념 중 하나입니다.

으로 정했습니다. 민국이라는 연호는 중국이 신해혁명 이후에 사용하던 연호에서 영향을 받았는데 1911년 신해혁명으로 청 왕조가 무너진 후 세워진 중화민국의 연호가 '민국'이었습니다.

대한민국 최초의 헌법, 임시 헌장

임시 의정원은 임시 정부의 첫 헌법인 임시 헌장을 제정했습니다. 임시 헌장은 법조계 출신 또는 법률 전공자인 조용은, 이시영, 남형우, 신익희 등이 주도하여 마련했습니다. 대한민국 임시 헌장은 전문 형식의 선포문에 이어 10개 조항의 규정으로 구성되어 있습니다.

대한민국 임시 헌장(축약)

제1조 대한민국은 민주 공화제로 한다.

제2조 대한민국은 임시 정부가 임시 의정원의 결의에 의하여 통치한다.

제3조 대한민국의 인민은 남녀, 귀천 및 빈부의 계급이 없고 일체 평등하다.

제4조 대한민국의 인민은 종교, 언론, 저작, 출판, 결사, 집회, 통신, 주소 이전, 신체 및 소유의 자유를 누린다.

제5조 대한민국의 인민으로 공민 자격이 있는 자는 선거권과

피선거권이 있다.

제6조 대한민국의 인민은 교육, 납세 및 병역의 의무가 있다.

제7조 대한민국은 신의 의사에 의하여 건국한 정신을 세계에 발휘하고 나아가 인류 문화 및 평화에 공헌하기 위해 국제연맹에 가입한다.

제8조 대한민국은 구 황실을 우대한다.

제9조 생명형, 신체형 및 공창제를 전부 폐지한다.

제10조 임시 정부는 국토 회복 후 만 1개년 내에 국회를 소집한다.

대한민국 임시 헌장 중 제1조와 제2조의 내용에 주목해야 합니다. '대한민국은 민주 공화제'라고 규정한 제1조항은 광복 이후 1948년 제헌 헌법이래 지금까지 불변의 헌법 제1조가 되어왔습니다. '대한민국은 임시 정부가 임시 의정원의 결의에 의하여 통치한다.'라고 규정한 제2조는 미국을 비롯한 선진 국가들이 시행하고 있는 권력 분립 체제를 선구적으로 도입하고 있다는 것을 의미합니다.

임시 헌장의 내용을 전체적으로 보면 비록 구 황실의 예우 문제 같은 봉건적 잔재도 없지는 않으나 10개 조항에 불과한 임시 헌장이 민주 공화제의 기본적인 내용을 포괄하고 있으며, 향후 임시 정부에서 국정 운영을 위한 최고 정책 결정 기관이 임시 의정원임을 분명히 명시하고 있습니다.

임시 헌장이 제정되고 내각이 구성된 1919년 4월 11일이 바로

대한민국 임시 정부 수립 당시 제정·공포된 대한민국 임시 헌장

'대한민국 임시 정부 수립일'입니다. 대한민국이라는 국호는 광복 후에도 그대로 계승되었습니다.

임시 헌장을 보완한 헌법 개정

제1회 임시 의정원 회의에서 제정된 임시 헌장은 급하게 작성되었고, 내용도 10개 조항으로 이루어져 매우 간략했기 때문에 보완할 필요가 있었습니다. 이에 개정된 임시 헌법은 8장 58개조로 구성되었습니다. 이러한 제1차 개헌의 내용은 임시 헌장의 개정이라기보다 사실상 헌법의 제정이었습니다.

개정 내용 중 가장 큰 특징은 대통령제를 택하면서도 내각책임제 요소를 가미한 정부 형태라는 것입니다. 임시 대통령이 헌법의 테두리 안에서 주권을 행사하되 국무원이 실질적인 행정권을 가지도록 했습니다. 즉 임시 대통령은 정부의 수반으로서 관제와 관규의 제정권, 국군통수권, 관리임명권 등의 권한을 소유하지만 행정권을 가지는 국무원과는 유리되었습니다. 그리고 국무위원의 임명에 임시 의정원의 동의를 얻도록 함으로써 권력의 집중보다는 권력의 분산을 도모했습니다.

임시 의정원은 1945년 8월 15일 일본이 항복을 선언한 후 대한민국 임시 정부 각료들이 귀국하면서 1946년 2월 6일 해산되었습니다.

임시 의정원 의원들

임시 정부는 임시 의정원 의원을 어떻게 선출했을까요?

최초의 의정원 회의에 참가한 29명의 의원이 어떻게 선출되어 참가했는지는 정확히 알 수 없습니다. 그들은 선출되었다기보다 이전부터 상하이를 중심으로 활동했거나 3·1운동 전후로 상하이에 도착한 인물들로 추정됩니다. 이후 국내외에서 독립 운동을 하던 사람들이 상하이로 오기 시작했고, 제3회 회의에는 무려 70명의 의원들이 참가하자 의원 선출 원칙을 정하기로 했습니다.

임시 의정원 의원의 자격은 대한민국 인민으로 중등 교육을 받은 만 23세 이상인 자로 했습니다. 제4회 회의부터 국내외 각 지역별로 정해진 대표로 의정원을 구성했습니다. 의원 수는 인구 30만 명에 의원 1명을 선출했습니다. 이에 따라 경기도·충청도·경상도·전라도·함경도·평안도에서 각각 6명, 강원도·황해도에서 각각 3명, 중국령·러시아령 교민 각각 6명, 미국령 교민 3명 등 총 57명으로 구성했습니다.

임시 의정원 의원은 면책 특권을 가졌고 3년간 연임할 수 있었습니다. 의원들은 주로 30대로 독립에 대한 열망과 열정이 가득했고, 대체로 고등 교육을 이수하였는데, 유학생과 국내에서 신교육을 받은 인물도 있었습니다.

임시 의정원 의원들의 과거 경력이 눈길을 끕니다. 그들 대부분은 국권을 피탈당하기 전부터 일본에 맞서 저항했던 인물입니다. 의원 중에는 1907년 서울에서 조직된 비밀 결사 단체였던 신민회 출신이 18명, 1912년 상하이에서 조직된 동제사 출신이 8명, 1918년에 조직된 신한 청년당 출신이 9명 있었습니다.* 한번 독립운동을 한 사람들은 일본의 탄압으로 어쩔 수 없이 조직이나 단체를 바꾸기도 했지만 조국 독립에 한평생을 바쳤습니다. 이런 모습에 존경심을 절로 품게 됩니다.

---

* **신민회** : 한일 병합을 전후한 시기에 나라의 국권을 회복하는 데 목적을 둔 애국 계몽 운동 계열의 단체였습니다. 애국 계몽 운동은 무장 투쟁보다는 교육과 산업을 일으켜 민족의 실력을 양성하는 방법으로 국권을 수호하고 나라의 힘을 기르자는 것입니다.
동제사 : 1912년 7월 중국 상하이에서 우리나라 독립 운동가와 교포들이 조직한 최초의 항일 독립 운동 단체로 임시 정부 수립 전까지 중국 내에서 한국 독립 운동을 이끌어나갔습니다.
신한 청년당 : 1918년 8월 상하이에서 우리나라 청년들이 조직한 항일 독립 운동 단체로 1919년 3·1운동 전후에 크게 활약했습니다.

임시 의정원 제6회 기념사진

임시 정부와 임시 의정원 신년 축하식

임시 의정원 의원들은 국내에서 3·1운동을 주도했던 인물, 상하이에서 3·1운동 진원지 역할을 했던 인물, 만주와 연해주에서 무관 교육을 통한 독립군 양성과 독립 운동의 근거지 확보를 위해 활동했던 인물, 일본에서 1차 세계대전의 종전과 상하이 독립 운동가들의 움직임을 알고 2·8 독립 선언을 전개했던 인물로 구성되었습니다.

임시 의정원의 권한

끝으로 임시 의정원의 권한을 살펴보겠습니다. 행정부와 의정원으로 구성된 임시 정부에서 임시 의정원은 대의 기관으로서 임시 정부보다 우위에 있다고 볼 수 있습니다.

임시 의정원은 많은 권한을 가진 만큼 활동도 활발히 했습니다. 민주 공화정체의 정부 수립과 조직 및 인선, 대의 입법 기관으로서의 헌법 제정, 의회 중심의 정부 운영, 독립 운동의 방략 논의와 정부에 대한 인적 자원의 확보 등 상하이 임시 정부와 조국 독립을 위해 큰 역할을 했습니다.

외교 독립을 꿈꾸다

임시 정부의 독립 운동 노선

상하이가 우리나라 독립 운동의 구심점이자 임시 정부 수립 장소였던 것은 독립 운동 노선과 깊은 관련이 있다고 했습니다.

만약에 학교에서 괴롭히는 친구가 있다면 어떻게 해결할 수 있을까요? 저라면 죽이 되든 밥이 되든 주먹을 휘두르면서 싸워보거나 학교 선생님이나 부모님 또는 경찰서에 도움을 청할 것 같습니다. 당시 독립 운동가들의 생각도 저와 별반 다르지 않았습니다.

3·1운동이 전개될 당시 독립 운동가들은 어떻게 하면 독립을 할 수 있을지 고민했습니다. 독립을 위한 방법 중 외교론과 군사론이 가장 주목받았습니다.

외교론은 국제 외교를 통해 국제 여론을 조성하여 열강들의 후원으로 독립을 얻고자 하는 것이고, 군사론은 군사력을 키워 일본에 직접 대항해서 싸우자는 것입니다. 군사론은 다시 독립 전쟁 준비론과 독립 전쟁론으로 나누어졌습니다. 독립 전쟁 준비론은 준비 없이 전쟁을 할 수 없으니 무관 학교를 세워 병사를 양성해야 한다는 것이고, 독립 전쟁론은 지금 바로 독립군을 조직하여 싸워야 한다는 것입니다. 독립 전쟁론자는 "나라가 망한 이때 산업은 무엇이고 교육은 다 무엇이냐. 둘이 모이면 둘이 나아가 싸워야 하고 셋이 모이면 셋이 나아가 싸워 죽어야 한다."고 주장했습니다.

임시 정부에서는 즉각적인 독립 전쟁을 준비해야 한다는 의견도 있었지만 최선의 독립 방법은 외교론이라 판단하여 외교 활동에 주력했습니다. 외교론에 중점을 둔 이유는 당시 국제 정세와 일본의 군사력에 대항하는 것은 성공할 가능성이 낮기 때문에 한인 동포들의 무고한 희생만을 초래한다고 생각했기 때문입니다. 임시 정부는 완전한 독립을 위해서는 국제 외교 활동을 통하여 강대국들의 후원과 지원을 받아 군사력을 양성하는 것이 최선의 방법이라고 판단했습니다.

이를 위해 임시 정부는 선전 활동을 중시해 일본 제국주의가 세계 평화의 화근이 되는 이유와 우리나라에 대한 비인도적인 무단 통치의 실상을 전하기 위해 노력했습니다. 선전부를 만들고 선전원을 동아시아 각국과 유럽 및 미국에 파견했으며, 파견된 선전원은 각국 신문과 잡지의 유명 작가나 연설가 등을 활용하여 우리의 독립 정신을 알리고자 했습니다. 주로 우리 동포들이 많이 거주하는 연해주에서 각국의 작가와 선교사 등을 만나 소통했고, 정당이나 교회는 물론 기타 단체와 접촉하여 국제 여론을 우호적으로 바꾸어 외교 활동의 효과를 극대화했습니다.

임시 정부의 카멜레온식 외교 정책

교과서에는 임시 정부의 외교 활동에 대해 주로 설명하고 있습니다. 그런데 "열강으로부터 임시 정부를 승인받고, 독립에 대한 국제 사회의 지원을 이끌어내기 위해 외교 활동에 주력하면서 국제 회의에 대표를 보내고, 미국에는 구미 위원부를 두고 대통령 이승만을 중심으로 외교 활동을 벌였다."는 내용은 임시 정부의 외교 활동을 너무 단편적으로 바라보는 것입니다.

임시 정부는 수시로 변하는 국제 정세에 맞추어 외교 정책과 방향을 수정해나가며 각 나라별로 외교 정책을 다르게 전개했습니다. 한마디로 나라별 맞춤식 외교 정책을 펼친 것입니다.

임시 정부는 파리 강화 회의와 국제연맹, 태평양 회의 등의 국제 회의를 통해 한국 독립의 보장과 임시 정부의 승인을 획득하고자 했습니다. 그러나 제국주의 열강들은 본인들의 이권을 유지하고 획득하기 위해 국제 회의를 개최했기 때문에 임시 정부가 계획했던 목표를 달성하기는 쉽지 않았습니다. 초기 외교 활동이 뜻대로 되지 않자 임시 정부는 장기적인 계획을 세우고 서구 열강들을 개별 접촉하거나 친교를 강화시켜나갔습니다.

그러면 임시 정부는 각 나라별로 어떤 외교 정책을 전개했을까요? 교과서에는 절대 나오지 않는 임시 정부의 카멜레온과도 같은 외교 정책을 알려드리겠습니다.

임시 정부의 대유럽 외교 정책

먼저 임시 정부의 대유럽 외교 정책을 알아보겠습니다. 임시 정부는 주로 한국 문제를 다루는 연설회를 개최하거나 유럽에서 개최되는 각종 국제 회의에 참가하여 한국의 독립과 임시 정부 승인을 호소하는 것에 힘을 기울였습니다.

그 시작점은 1차 세계대전이 끝난 후 전승국 대표들이 전후 새로운 세계 질서를 마련하기 위해 개최한 파리 강화 회의였습니다. 일본에 병합된 지 10년 가까이 지난 상황에서 세계 구도를 재편하는 국제 회의가 열린다는 사실은 많은 독립 운동가들이 외교 활동에 관심을 갖게 했습니다. 실제로 이 활동은 임시 정부 수립 4개월 전에 시작되었습니다.

상하이에 모여든 독립 운동가들은 한국 문제를 해결할 계기를 마련하려면 단체와 조직이 필요하다고 판단했습니다. 그 결과 1918년 8월 상하이에 항일 독립 운동 단체인 신한 청년당을 조직

파리 강화 회의 임시 정부 대표단들

했습니다. 1919년 2월 1일 김규식을 국민 대표로 파리 강화 회의에 파견했고 상하이에서 출발한 김규식은 3월 13일 파리에 도착했습니다. 그리고 4월 임시 정부가 수립되자 임시 정부는 김규식을 강화 회의 대한민국 위원 겸 주파리위원으로 임명하여 신임장을 파리로 발송했습니다. 또한 프랑스 파리에 외교 담당 기관인 파리 위원부를 설치했습니다.

파리 위원부는 1919년부터 1923년까지 프랑스 파리와 영국 런던을 중심으로 외교 및 선전 활동을 활발히 전개했습니다. 그 결과 우리가 처한 현실과 입장을 세계 각국에 알려 동정과 이해를 얻는 데 기여했습니다.

파리 강화 회의 이후에는 스위스 루체른에서 열린 제2 인터내셔널회(만국 사회당 대회)*에 파리 위원부 부위원장인 이관용, 조소앙이 대표로 참가하여 제출한 '한국 민족 독립 결정서'가 채택되기도 했습니다. 하지만 앞에서도 말했듯 유럽의 각종 국제 회의는 제국주의 열강들의 이권을 도모하기 위한 목적으로 개최되었기 때문에 임시 정부는 어떠한 성과도 거둘 수 없었습니다.

임시 정부는 대영국 외교를 전개하여 영국 언론과 일반인들 사이에 한국에 대한 관심과 동정 여론을 형성하기 위해 힘썼습니다. 이러한 노력으로 영국 하원에서 한국의 국제연맹 가입, 일본의 한국인 탄압, 3·1운동 때 일어난 제암리 사건 등의 한국 문제가 대정부 질의로 토의하기도 했습니다. 하지만 영국 정부는 인도 제국의 지배와 중국에서의 권익을 얻는 데 치중했기 때문에 한반도 문제에 개입할 이유와 여유가 없었습니다. 또한 영국은 많은 식민지를 가졌다는 국제 정치상의 한계로 한국의 독립 문제는 인도적인 측면에서만 접근했습니다. 대유럽 외교 정책은 일본이 1차 세계대전 승전국의 지위를 가졌기 때문에 성과를 거둘 수 없었습니다.

임시 정부의 대소련 외교 정책

이번에는 소련으로 가보겠습니다. 임시 정부의 대소련 외교

---

* **제2 인터내셔널회** : 1919년 8월 1일부터 9일까지 세계 각 나라의 사회주의 정당과 조직의 대표들이 모여서 개최한 국제 회의를 말합니다.

는 한인 사회당*을 이끌던 이동휘가 임시 정부 국무총리로 재임하던 1919년 11월부터 1921년 1월까지 짧은 기간에 걸쳐 전개되었습니다. 레닌은 이동휘가 비밀리에 파견한 한형권을 접견한 후 한·소 조약을 체결했습니다. 소련은 한국 독립 운동을 원조 지원하고, 한국은 시베리아에서 일본군에 대한 공동 작전을 전개한다는 것이 조약의 핵심입니다. 이는 레닌 정부가 대한민국 임시 정부를 승인한다는 것을 의미합니다.

이 조약 이후 소련 정부는 임시 정부에 무상으로 200만 루블(오늘날 화폐 가치로 약 2,500억 원)을 지원하기로 결정했습니다. 그러나 소련의 지원금은 독립 운동뿐만 아니라 한국 공산주의 단체의 활동 경비로 사사로이 사용하면서 갈등이 생겼습니다. 또한 이동휘를 포함한 일부를 제외하고는 소련과의 외교 활동을 부정적으로 생각했습니다. 결국 이동휘가 국무총리를 사직하고 임시 정부를 떠나면서 소련과의 외교 활동은 사실상 종료되었습니다.

임시 정부의 대중국 외교 정책

임시 정부가 외교 활동에 가장 신경을 쓴 나라는 중국입니다. 임시 정부는 중국 상하이에 위치했기 때문에 대중국 외교가 가장

---

* 한인 사회당 : 1918년 소련 하바로프스크에서 조직된 한국 최초의 사회주의 정당입니다.

중요했습니다. 초기 임시 정부의 대중국 외교는 임시 정부의 승인과 독립 운동의 지원 문제가 중심이 되었습니다.

상하이에 임시 정부가 수립되었을 때 중국은 남북으로 분열되어 북쪽의 베이징 정부와 남쪽의 광저우 호법 정부가 있는 상황이었습니다. 임시 정부는 베이징과 만주를 지배하는 베이징 정부와 쑨원의 광저우 호법 정부 모두에게 외교 관계를 추진했습니다. 1921년 1월 임시 정부는 국무총리 대리 겸 외무총장 신규식을 광저우에 특사로 파견하여 외교 관계를 수립하고자 했고, 쑨원을 만난 신규식은 국빈 예우를 받으며 임시 정부의 공식적인 승인을 얻어냈습니다.

당시 중국은 한국의 독립과 중국에 있는 대한민국 임시 정부의 승인을 긍정적으로 검토했습니다. 세상에 공짜는 없는 법이죠. 중국은 일본과 소련의 위협에 맞서고 전후 한반도에 대한 발언권 확보와 임시 정부에 대한 영향력 강화 등을 염두에 두었기 때문에 임시 정부에 호의적이었던 것입니다. 하지만 중국은 미국, 영국, 소련을 무시하고 독단적으로 행동할 수 없었기 때문에 임시 정부와의 협조 체제를 제대로 마련하지 못했습니다.

다만 시간이 흘러 1932년 임시 정부 예하의 한인 애국단이 의열 투쟁을 전개하면서 중국과 임시 정부는 본격적인 외교와 협조 관계를 체결합니다.

임시 정부의 대미 외교 정책

끝으로 지금이나 예나 초강대국인 미국에 대한 임시 정부의 외교 정책을 살펴보겠습니다. 대미 외교는 임시 정부의 정통성과 합법성을 미국 정부에 인정받기 위한 승인 외교에 중점을 두었습니다. 이를 위해 임시 정부는 미국 워싱턴에 외교 담당 기관인 구미 위원부를 설치했습니다.

구미 위원부 설립 초기에는 미국 정부를 상대로 임시 정부의 합법성을 인정받기 위해 노력했습니다. 그러나 미국 정부는 일본 정부를 자극할 것을 우려하여 임시 정부의 요구를 묵살했습니다. 힘든 상황 속에서도 임시 정부는 미국 정부의 태도를 바꾸기 위해 민간 차원에서 외교 활동을 강화하여 미국 사회의 여론을 전환시키고 한국 독립에 대한 지원을 요청하는 방향으로 외교 정책을 전개했습니다.

이승만, 서재필 등을 중심으로 미국의 정계와 교육계, 종교계를 대상으로 한국 지원을 지속적으로 호소하고 선전 활동을 전개했습니다. 이러한 노력으로 미국 상·하원에서 한국 문제가 상정되어 토론이 이루어지기도 했습니다.

1920년 미국의 상원 의원 70여 명이 러시아를 시찰하러 온다는 소식을 접한 임시 정부는 미국 의원 시찰단 환영 준비위원회를 조직하여 진정서와 각종 선전 자료를 제출하고 여러 환영 대회에 참석하는 등 다양한 활동을 했습니다. 이러한 노력으로 미국에 일

구미 위원부 위원장 김규식과
집정관 총재 이승만

워싱턴에 자리 잡은 구미 위원부 공관

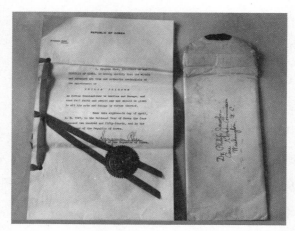

구미 위원부 임명장

본의 침략성을 알리고 한국 독립 운동에 대한 지원을 약속받기도 했습니다. 그러나 미국도 강대국 간의 국제 관계가 더 시급했기 때문에 한국 독립 문제에 대해서는 공식적인 지원보다는 사적인 이해와 동정에 머물렀습니다.

임시 정부는 다양한 방법으로 여러 나라를 상대로 외교 활동을 전개했지만 많은 제약과 한계로 큰 성과를 달성하지는 못했습니다. 임시 정부는 언제나 외교 자금과 전문적인 외교 전문가들이 부족했습니다. 여기에 임시 정부의 내부 분열까지 겹치면서 외교 활동은 큰 위기를 맞이했습니다.

하지만 임시 정부가 열악한 환경 속에서 급변하는 국제 정세에 맞추어 외교 정책을 수립하고 전개했다는 점은 큰 의미를 지니고 있습니다.

군사 활동을 준비하다

임시 정부는 무장 투쟁보다는 외교 활동에 많은 힘을 쏟았지만 절대 간과해서는 안 되는 것이 있습니다. 바로 독립 전쟁도 염두에 두었다는 사실입니다. 교과서에도 "임시 정부가 남만주에 직할 군단으로 광복군 사령부, 광복군 총영 등을 두고 무장 투쟁을 전개했고 서로 군정서, 북로 군정서 등 유력한 독립군을 군무부 산하로 편제했다."고 나와 있습니다.

한국사를 공부할 때 일제 강점기에 활동한 수많은 독립군의 이름만 봐도 머리가 아팠던 경험이 있을 것입니다. 교과서에는 단순히 독립군을 나열하는 정도로만 초기 임시 정부의 군사 활동을 소개하고 있습니다. 그런 연유로 많은 학생이 '초기 임시 정부에서 군사 활동도 했나보네.' 하는 정도로만 생각하고 넘어갑니다.

여기서는 교과서에서 놓치고 있는 임시 정부의 군사 활동에 대해 알아보겠습니다.

무장 독립 전쟁을 위한 준비

임시 정부는 임시 헌법을 통해 독립 전쟁에 대비한 군사 제도를 헌법으로 정립했습니다. 1920년 1월 3일과 5일에 행한 신년 연설에서는 '우리 국민이 단정코 실행할 6대사'를 발표했습니다. 이 발표문을 보면 군사 문제를 가장 먼저 거론하면서 '신년은 전쟁의 해'라고 밝히기도 했습니다. 또한 군무부를 만주로 이동하여 무장 독립 투쟁을 이끌고 지도할 계획을 논의했습니다.

이러한 논의 속에 임시 정부는 상하이에 육군 무관 학교를 설립했고 6개월 후 1회 졸업식을 거행하여 초급 장교 19명을 배출했습니다. 2회 졸업생은 24명을 배출했습니다. 하지만 재정적 어려움으로 1920년 11월 경부터 휴교 상태에 들어갔습니다. 이처럼 임시 정부는 비록 짧은 기간이었지만 스스로 군사 활동을 준비했습니다. 임시 정부의 무장 독립 투쟁 추진은 만주와 러시아 연해주 일대 투쟁 열기에서 영향을 많이 받았습니다.

3·1운동 이후부터 1920년 청산리 대첩 시기까지 만주 지방에는 무려 46개의 독립군 단체가 존재했습니다. 이들 가운데 대한 국민회, 북로 군정서, 서로 군정서, 대한 청년단 연합회, 광복군 총

영, 대한 독립군, 한족회, 보합단 등은 임시 정부 계열의 독립군 단체였습니다.

임시 정부 계열의 독립군이 아니더라도 대부분의 독립군은 상하이 임시 정부가 수립되자 적극적으로 지지 의사를 밝혔습니다. 이와 같은 상황 속에서 임시 정부는 직속 독립군을 따로 설치하지 않아도 만주의 독립군 부대들에게 일정한 영향력을 행사할 수 있었습니다.

육군 주만 참의부의 활약

1921년부터 임시 정부의 영향력은 급속히 약화되었습니다. 무장 투쟁론자이자 임시 정부에서 군사 정책을 주도한 이동휘가 탈퇴했고 국민 대표 회의 결렬로 임시 정부가 분열되었기 때문입니다.

임시 정부는 1923년 6월 7일 국민 대표 회의 폐회를 선언했습니다. 이 시기 만주에서는 독립군끼리의 이념 대립에 상심한 약 500여 명의 병사들이 모여 새로운 독립군 창설을 준비했습니다. 이들은 임시 정부에 사람을 파견하여 임시 정부 직할의 남만군 정부로 승인해줄 것을 요청했습니다. 임시 정부는 이 제안을 열렬히 반겼고 곧바로 김승학, 이유필 등의 인사를 파견하여 군정부가 조직될 수 있도록 지도했습니다. 그 결과 1923년 8월 '대한민국 임시

육군 주만 참의부 대원들

정부 육군 주만 참의부'가 결성되었습니다. 이처럼 독립군 부대인 참의부가 창설되어 임시 정부 산하에 합류하면서 군사 활동은 다시 활발해졌습니다.

남만주의 군사와 민사를 총괄한 참의부는 5개 중대와 독립 1개 소대로 조직되었습니다. 임시 정부가 군사 훈련을 지원했고 중국 곤명의 운남 육군 강무당과 광저우의 황포 군관 학교 및 모스코바 국제 사관 학교 출신 한국인 장교가 와서 훈련을 담당했습니다. 참의부는 친일파 무리 소탕 및 처벌, 국내 진입 유격전, 압록강 순시를 온 조선 총독부의 습격 작전 등과 같은 군사 활동을 전개했습니다.

참의부의 활동 지역은 압록강 강변으로 국내 진입 유격 작전을 전개하기에 지리적으로 유리했습니다. 10명 이내로 조직된 소규모 유격대는 국내로 진입하여 수십 건에 달하는 성과를 이루어 냈습니다. 그중 가장 대표적인 참의부 독립군의 국내 진입 유격 작전은 1924년 5월 19일에 전개한 '일본 총독 사이토 마코토 공격 사건'입니다.

사이토는 일본 해군 대장 출신으로 3대 조선 총독부로 임명된 인물입니다. 사이토가 압록강변에 시찰하러 왔다는 정보를 입수하자 8명으로 구성된 참의부 유격대는 평안북도 마시탄 강변에 매복했습니다. 사이토가 경비선을 타고 마시탄을 통과할 때 유격대는 집중 사격으로 공격했고 이에 놀란 일본 경비선은 대응 사격하면서 전속력으로 도주해 사이토는 겨우 목숨을 건졌습니다. 이 사건은 임시 정부의 독립신문을 통해 대대적으로 보도되었고 일본 통치력과 총독의 위신은 크게 추락했습니다.

이처럼 임시 정부는 외교 활동뿐만 아니라 군사 활동에도 많은 노력을 기울였고 참의부 이후에는 한인 애국단, 한국 광복군의 창설로 이어졌습니다.

교육·문화 활동을 전개하다

임시 정부에서 작업한 출간물

"임시 정부가 기관지로 독립신문을 간행했고, 임시 사료 편찬 위원회를 설치하여 한·일 관계 사료집을 발간하기도 했다." 교과서에 나와 있는 임시 정부의 활동 내용입니다. 그러나 신문과 사료집 내용에 대한 설명이 없다 보니 그저 저러한 것들을 발행했구나 하고 넘어가기 쉽습니다.

당시 임시 정부는 험난하게 전개하던 외교 활동만큼이나 교육 및 문화 활동을 중요시했습니다. 교육을 통해 우리 동포들에게 민족 정신과 애국심을 심어줄 수 있다고 믿었으며 이를 위해 교과서 편찬, 의무 교육 실시, 관리 양성, 외국에 유학생 파견, 서적 간

임시 정부 〈독립〉 창간호

행 등을 준비했습니다.

상하이에 초등 과정의 인성학교와 중등 과정의 3·1중학을 설립하기도 했습니다. 국어와 국사 교육이 중심이었고 이를 통해 민족혼을 고양시켜 장차 독립 운동가로 양성하고자 했습니다. 또한 중국어 교육도 실시하여 미래에 있을 중국의 고등 교육에 대비했습니다.

임시 정부는 독립 운동 소식을 국내외에 전하고, 민족 사상을 고취하여 민심을 하나로 모으고자 했습니다. 이를 위해 발행한 독립신문은 세계 각지로 배포되어 해외 동포들의 힘을 결집시켰습니다. 국내에는 은밀히 배포하여 많은 사람이 임시 정부와 해외 독립 운동계의 동향을 파악할 수 있도록 하고 이를 통해 지원과 궐기를 이끌어냈습니다.

임시 정부는 임시 사료 편찬회를 설치하여 1921년 9월 《한·일 관계 사료집》을 발간했습니다. 이 사료집은 1919년 9월 국제 연맹 회의에서 우리 민족의 독립을 요청하기 위해 제작한 것입니다. 당시 일본의 심한 역사 왜곡과 과장에 맞서 국제 사회에 한민족의 역사와 문화, 일제의 가혹한 식민 통치의 실상 등을 제대로 알리기 위한 사료집 편찬은 꼭 필요했습니다.

임시 사료 편찬회는 고대부터 1920년까지의 한·일 관계사, 일본 침략사, 한국 독립 운동사를 사료 중심으로 편찬했습니다. 4편 4책으로 구성된 《한·일 관계 사료집》은 다음과 같은 내용으로 구성되어있습니다.

제1은 고대부터 경술국치까지의 한·일 관계를 편년체*로 엮었습니다. 일본이 한국에 대한 침략을 계속해온 사실을 강조하여 일본의 침략성을 밝히고 우리의 전통 문화가 일본보다 우월했음을 강조했습니다. 제2는 7개의 논설로 구성되었습니다. 일본 민족과 한민족의 차이점을 분석하여 우리 민족은 동화나 지배가 불가능하다는 것을 증명했습니다. 가장 심혈을 기울여 편찬한 제3은 1910년 경술국치로부터 1919년 3·1운동 발발 직전까지 일본의 식민 정책을 8개 장으로 나누어 그 실상과 성격을 밝혔습니다. 마지막으로 제4는 3·1 독립 운동사라고 할 수 있습니다. 3·1운동이 일어난 원인부터 임시 정부 수립까지의 과정을 모든 자료를 수집하여 8개의 장에 종합적으로 기술했습니다.

하지만 《한·일 관계 사료집》은 많은 한계를 가지고 있습니다. 국외에서 편찬했기 때문에 자료 수집, 편집 적임자 부족과 같은 여러 가지 어려움이 있었고, 특히 84일이라는 짧은 기간 동안 편찬되어 사료집의 내용이 체계적이지 못하고 글을 다듬는 교정 작업 또한 미숙했습니다. 이처럼 부족한 부분이 많았기 때문에 책의 표

---

* **편년체** : 역사 기록을 연·월·일 순으로 정리하는 편찬 체제입니다.

제가 《한·일 관계사》가 아닌 《한·일 관계 사료집》이 된 것으로 추정하고 있습니다.

임시 사료 편찬회는 민족주의 사학자인 박은식을 주선하여 《한국 독립 운동 지혈사》를 발간했습니다. 이외에도 다니엘 페퍼의 《한국 독립 운동의 진상》, 김병조의 《한국 독립 운동 사략》 등의 간행 및 배포에 직·간접적으로 관여했습니다.

임시 정부의
운영 자금 마련

    지금부터는 임시 정부가 독립 운동을 전개하는 데 꼭 필요했던 것을 다루고자 합니다.

    여러분은 친구끼리 모임을 만들거나 어떤 조직을 만들어본 적이 있나요? 저는 비록 망했지만 개인적인 사업을 작게 해보기도 했고, 운동을 좋아해서 조기축구회 팀인 '위저드'를 만들어보기도 했습니다. 사업이든 조기축구회든 어떤 조직을 이끌어가는 데 가장 필요한 것은 역시 돈, 자금이었습니다. 그러면 정부를 운영하는 데는 자금이 얼마나 필요할까요? 당장 2020년 대한민국 정부 예산만 보더라도 512조 3,000억 원이라고 합니다. 임시 정부도 독립 운동을 전개하기 위해서는 많은 자금이 필요했습니다.

    임시 정부는 어떻게 독립 운동 자금을 마련했을까요? 교과서에는 "임시 정부는 국외에 거주하는 동포에게 독립 공채를 발행하여 독립 운동 자금을 모금했다."라고만 나와 있습니다. 임시 정부 운영 자금에 대한 내용을 한 줄로 간단하게 표현하기에는 그 이면에 숨겨진 이야기가 많을 것 같다는 생각이 들지 않나요? 본격적으로 임시 정부의 자금 이야기를 시작해보겠습니다.

인구세와 애국금으로 자금을 모으다

독립 운동을 지속적으로 전개하기 위해 임시 정부는 동포들에게 인구세를 부과하여 예산을 조달하거나 국내외 각지에서 오는 애국금을 모아 독립 운동 자금으로 충당했습니다.

인구세는 "대한 국민 만 20세 이상의 남녀 1인에게 금화 1원을 연 2회에 걸쳐 징수하고, 납입 기간은 매년 6월과 11월 말이며, 징수는 지방 자치 단체가 집행하도록 한다."고 규정했습니다. 초기 인구세는 상하이와 국내의 평안북도, 미주 지역을 중심으로 징수했습니다.

임시 정부는 애국금을 모집하기 위해 임시 정부 재무총장 명의의 신표를 가진 애국금 수합위원들을 국내 각 지방으로 파견했습니다. 당연히 일본은 엄청난 탄압과 감시로 애국금 모집을 방해했습니다. 심지어 모금된 애국금이 강제로 탈취당하거나 중간에 착복당하는 일이 발생하기도 했습니다. 또한 가짜 애국금 모집원으로 인한 피해도 발생했습니다. 이러한 문제들이 발생하자 임시 정부는 자발적으로 납부하는 애국금은 수용하지만 가능하다면 독립 공채를 사줄 것을 호소했습니다.

임시 정부의 자금줄 독립(애국) 공채

독립 공채는 임시 정부의 구미 위원부에서 김규식, 이승만, 서재필, 현순, 정한경 등의 주도로 자금 마련을 위해 발행한 채권입니다. 독립 공채에 명시된 금액은 독립 후 정식으로 수립된 정부에서 원금과 소정의 이자를 지불하기로 했습니다.

독립 공채의 이름은 'Certificate of indebtedness'이고, 발행 주체는 'Republic of Korea(대한공화국)'라 했습니다. 영문 공채 외에도 국문 공채, 한문 공채를 작성하여 발행했습니다.

독립 공채는 임시 의정원에서 1920년 4월 17일부터 판매한다고 공포했습니다. 최초의 독립 공채는 1919년 8월에 이미 발행했고, 1919년 9월 1일 구미 위원장 김규식, 대통령 이승만 명의로 공채표를 공식 발행하여 판매했습니다. 1919년 9월 1일부터 12월 31일까지 첫 해에 발행된 공채는 '대한민국 원년 독립 공채'라고 했습니다.

상하이에서는 원화 표시 채권을, 미주에서는 달러 표시 채권을 발행했습니다. 원화 채권 액면가는 100원, 500원, 1000원 3종으로 임시 정부 초대 재무총장인 이시영의 직인이 찍혔고 발행 금리는 연 5퍼센트였습니다.

공채의 원금은 우리나라가 독립한 뒤 5~30년 이내에 수시 상환하기로 했습니다. 달러화 채권은 액면가가 10달러, 25달러, 50달러, 100달러, 1000달러 등 5종으로 임시 정부 초대 대통령 이승만 이름으로 발행했고 발행 금리는 연 6퍼센트였습니다.

현재 독립 공채가 얼마나 발행되었는지에 대한 기록은 남아 있지 않습니다. 다만 달러 채권은 1차로 25만 달러를 찍은 것으로 알려져 있습니다.

주권을 잃은 나라의 채권은 국제 시장에서 유통될 수 없는 휴지조각 공채였습니다. 당연히 독립 공채를 사들인 사람은 우리 민족과 동포들이었을 것입니다. 이들은 돈을 돌려받지 못할 것을 알면서도 독립 공채를 기꺼이 사들였습니다. 독립 공채는 국내 비밀 행정 조직인 교통국과 연통제를 통해 모집되었고 임시 정부가 상하이에서 활동하는 데 많은 도움을 주었습니다.

구미 위원부가 발행한 독립 공채 100달러

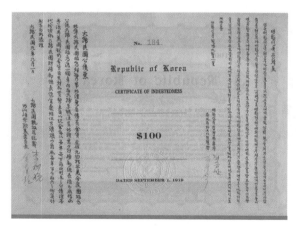

독립 공채 100달러짜리 뒷면

임시 정부에서 발행한 독립 공채 100원

임시 정부에서 발행한 독립 공채 1000원

독립 공채 상환 현황

경제 관념이 투철하신 분이라면 독립 공채를 사들인 사람들은 처음에 약속한 대로 원리금을 받았을까? 라는 의문이 들 것입니다. 결과부터 말하자면 독립 공채에 대한 상환은 제대로 이루어지지 못했습니다.

1950년 6월 10일 자 동아일보 기사에는 서울 명륜동에 사는 안모 씨가 일본 경찰의 눈을 피해 간직해온 100원 권 독립 공채 상환을 요청했으나 재무부 직원이 법적 근거가 없다며 그냥 돌려보냈다는 내용을 확인할 수 있습니다. 1962년 1월 26일 자 경향신문 기사에는 전북 군산의 이모 씨가 일제 시대 땅속에 묻어뒀던 독립 공채 1000원 권 세 장의 상환을 요청했으나 상환이 이뤄지지 않았다는 내용을 볼 수 있습니다.

1983년에는 독립 공채 상환에 관한 특별 조치법이 제정되기도 했습니다. 기재부 국고 국장을 위원장으로 하고 법무부, 외교부 등이 참여하는 '독립 공채 상환위원회'를 설치했습니다. 처음에 특별 조치법은 남한에 거주하는 사람들이 1984~1987년에 신고한 독립 공채만 상환하도록 규정했습니다. 추후에는 1990년대 국교를 맺은 러시아·중국 등 54개국을 고려하여 신고 기간을 연장했습니다. 이에 따라 중국의 연변방송, 흑룡강신문, 지린신문 등에 광고를 했지만 신고 건수는 미미했습니다. 일제 강점기에는 독립 공채를 소지하는 것만으로도 처벌을 받았기 때문에 숨기거나 태워버린 경우가 많아서 남은 것이 많지 않았기 때문입니다.

독립 공채의 상환은 1차(1984~1987)때 33건, 2차(1994~1997)때 1건, 3차(1998~2000)때 23건 등 총 57건이 이루어졌고, 액면 총액은 달러 채권 2,150달러, 원화 채권 1만 610원에 불과했습니다. 달러 채권 1차 발행 예정액이 실제 25만 달러였다면 100분의 1에도 못 미치는 규모입니다.

현재 정부가 상환한 금액은 1차 때 4,229만 원, 2차 때 564만 원, 3차 때 2억 9,448만 원으로 모두 3억 4,000여만 원입니다.

특별 조치법에 따라 신고 기간은 2000년 12월 31일로 끝났습니다. 이후 상환 문의가 없어지자 유명무실해진 독립 공채 상환 위원회는 사실상 2009년에 없어졌습니다. 하지만 독립 공채 상환에 관한 특별 조치법 자체는 폐지되지 않을 예정입니다. 통일이 되면 북한 주민들이 가지고 있는 독립 공채에 대해서도 "대한민국이 독립하면 정부가 빚을 갚겠다."던 약속을 지켜야 하기 때문입니다.

임시 정부의 혼란

임시 정부 초대 대통령 이승만

2017년 대한민국 헌정사 최초로 현직 대통령이 파면되었습니다. "재판관 전원의 일치된 의견으로 주문을 선고합니다. 피청구인 대통령 박근혜를 파면한다." 헌법재판소는 2017년 3월 10일 박근혜 대통령의 파면을 결정했습니다.

비록 임시 정부이기는 하지만 박근혜 대통령보다 먼저 탄핵을 경험한 대통령이 있습니다. 바로 임시 정부 초대 대통령 이승만입니다. 교과서에는 "이승만이 임시 정부 대통령의 직무를 다하지 않아서 탄핵을 당했다."라고 서술되어있습니다. 이 한 줄의 설명으로는 이승만 대통령의 정확한 탄핵 이유를 알 수 없습니다.

이승만 대통령 상하이 도착 환영식

1919년 4월 삼권 분립과 공화제에 입각한 대한민국 임시 정
부가 수립되었습니다. 초대 대통령과 국무총리에는 이승만과 이
동휘가 각각 추대되었습니다. 이승만은 3·1운동 이후 수립된 모든
임시 정부에서 국무총리급에 해당하는 직위에 추대되었고 통합
임시 정부에서는 대통령으로 추대되었습니다.

이쯤 되면 이승만이라는 인물이 궁금해질 것 같은데요. 이승
만은 대한제국 시기의 독립협회 활동 경력, 미국 프린스턴 대학교
박사, 미국 윌슨 대통령과의 친분 관계, 재미 교포 사이의 명망, 카
리스마적 매력, 자금 조달 능력 등을 갖고 있었습니다. 이와 같은

매력으로 이승만은 대통령에 추대되었습니다.

독립 운동의 총지도부 역할을 담당해야 하는 임시 정부 대통령 이승만은 외교 독립 노선을 추구했습니다. 그는 외교 중심의 독립 노선을 대한제국 시기 독립협회 활동부터 일관되게 유지했습니다. 러·일 전쟁 이후 집필한 《독립 정신》에서는 외교가 나라를 유지하는 법이며, 외교를 친밀히 하는 것이 강대국 사이에서 국권을 보존하는 방법이라고 주장했습니다. 이승만은 한국이 지금 당장 일본과의 전쟁을 통해 승리할 물리력과 실력을 갖추지 못했기 때문에 전면전은 불가능하며 실력을 갖출 때까지 준비해야 한다는 '준비론'도 제기했습니다.

임시 정부는 외교 활동을 중요시했기 때문에 필라델피아, 파리, 워싱턴 등지에 외교 위원부를 설치하여 활발한 활동을 펼쳤습니다. 특히 1919년 미국에 이승만을 대표로 하는 구미 위원부를 설치하여 미국 정부와 국민에게 우리나라의 독립을 호소했습니다. 외교 독립 노선은 이승만이 미국 대통령 윌슨에게 국제연맹에 의한 위임 통치를 청원하면서 그 성격이 극명하게 드러났습니다.

이승만은 3·1운동이 발발하는 시점에서 정한경과 함께 위임 통치 청원서를 작성했습니다. 국제연맹 위임 통치 청원서 제출은 한국의 즉시 독립은 불가능하다는 인식에 기초한 것입니다. 이승만의 이러한 인식은 임시 정부 대통령직에 취임한 이후에도 지속적으로 구미 위원부를 통해 대미 외교에 집중하는 모습으로 나타났습니다. 심지어 위임 통치 문제를 둘러싼 상하이 임시 정부 내부의 논란에서도 그는 전혀 자세를 굽히지 않았습니다.

이승만의 탄핵

이승만의 이러한 태도는 임시 정부가 분열하는 데 하나의 요인으로 작용했습니다. 임시 정부는 외교 독립 노선을 고수하여 무장 투쟁을 주장하는 만주 지역의 독립 운동 단체들을 포용하지 못하고 스스로 그 기반을 축소하고 있었습니다. 이러한 상황 속에서 이승만이 3·1운동 전에 윌슨 대통령에게 위임 통치 청원서를 제출했다는 사실이 밝혀지면서 대통령 자질에 의문을 제기하는 비난들이 빗발치기 시작했습니다. 이승만은 대통령으로 선출된 후 외교 독립론만을 중시하여 독립 전쟁론, 무장 투쟁론에 근거한 독립 운동 노선을 수용하지 못했기 때문에 비난은 더욱 거세졌습니다.

이때 이승만은 1921년 11월에 워싱턴에서 개최되는 워싱턴 회의* 준비를 이유로 5월 상하이를 떠났습니다. 이승만이 실제로 상하이에 체류한 기간은 1920년 12월부터 1921년 5월까지 6개월 정도였습니다.

워싱턴 회의는 동아시아에서의 일본 팽창 저지와 중국을 둘

---

* **워싱턴 회의** : 1921년 11월 12일부터 1922년 2월 6일까지 약 3개월에 걸쳐 워싱턴에서 열린 국제 회의로, 미국의 제창으로 회의가 개최되어 미국, 영국, 프랑스, 이탈리아, 중국, 벨기에, 네덜란드, 포르투갈, 일본 등 9개국이 참가했습니다.

러싼 열강들의 이해 관계 조정 및 해군 군비 축소가 주요 목적이었지만 임시 정부와 이승만을 비롯한 한국 독립 운동가들은 워싱턴 회의에 큰 기대를 걸었습니다. 그러나 한국 대표단은 본회의에 참석하지도 못했고 한국 문제는 상정조차 되지 못했습니다. 워싱턴 회의에서 아무런 성과를 거두지 못하자 이승만과 임시 정부의 외교 독립론에 대해 강한 회의와 함께 재평가가 시작되었습니다.

결국 1925년 3월 11일 임시 정부는 내분을 수습하고 분열된 민족주의 운동 진영을 재정비하기 위해 '임시 대통령 이승만 탄핵안'이 발의되었습니다. 심판 위원회의 심의를 거쳐 임시 의정원에서 '임시 대통령 이승만 심판서'를 의결하고 "임시 대통령 이승만을 면직한다."고 공표했습니다.

1925년 이승만은 임시 정부의 임시 대통령직에서 면직되었습니다. 또한 구미 각지에서 정부 행정을 대행하는 기관과 외교 업무를 관장하는 기관으로 이승만의 중요한 정치적, 재정적 기반의 역할을 담당하던 구미 위원부 또한 불법 기구임을 성명하고 폐지령을 내렸습니다.

이승만 대통령의 탄핵 요인은 위임 통치론을 주장하던 이승만에 대한 부정적인 정서가 베이징을 중심으로 만연했던 점, 대통령이 미국에서 상하이 임시 정부를 원격 조정하는 기존 체제로는 난국을 극복할 수 없던 상황, 재미 동포에게서 거둔 독립 운동 자금을 이승만이 손에 쥐고 임시 정부에 송금하지 않은 점 등이었습니다.

이승만 대통령이 탄핵된 후 박은식이 2대 대통령으로 취임했고, 이후 대통령제를 국무령제로 변경했지만 임시 정부는 침체에서 벗어나지 못했습니다. 한편 이승만은 탄핵된 이후에도 대통령 직위를 그대로 사용하며 미국에서 활동하다가 1945년 해방을 맞이했습니다.

임시 정부의 분열

1920년대로 접어들면서 임시 정부는 점차 쇠락하기 시작했습니다. 일본이 철저하게 임시 정부의 교통국과 연통제를 파괴하자 국내는 물론 만주와 연해주 지역의 동포들에게도 지원을 받기 어려웠습니다. 심혈을 기울였던 외교 활동은 강대국의 외면으로 성과가 없었고, 외교 중심적인 임시 정부 활동에 비판적이었던 무장 세력들은 임시 정부의 개편을 요구했습니다.

이 무렵 이동휘, 이승만, 안창호 등은 독립 운동의 노선을 둘러싸고 논쟁을 벌였습니다. 교과서에는 이 상황을 "임시 정부의 활동이 점차 위축되자 외교 중심적인 임시 정부의 활동에 비판적이었던 신채호 등 중국 관내 세력과 만주, 연해주 지역의 무장 세력들은 임시 정부의 개편을 요구했다."고 서술하고 있습니다.

여기서는 임시 정부의 개편을 요구했던 3개의 독립 운동 노선의 성격과 한계를 살펴보겠습니다.

이동휘 등의 독립 전쟁론자는 평화적인 투쟁 방식으로는 독립을 이룰 수 없다고 보고, 우리 동포들이 많이 거주하고 있는 만주, 연해주 지방을 중심으로 항일 무장 투쟁을 적극적으로 전개하는 것이 최선의 방도라 주장했습니다. 그러나 무기와 전투력에서 절대적으로 열세였던 독립군이 일본군과 대등하게 맞서기는 힘들었습니다. 독립군에 스스로 참여한 수많은 젊은이들이 목숨을 잃었으며, 민족의 미래를 위해 쓰여야 할 자금이 무기 구입에 사용되는 한계가 있었습니다.

이승만 등의 외교론자는 일본과의 직접적·물리적 충돌보다는 국제 사회에서 일본에게 압력을 행사할 수 있는 나라들을 상대로 식민 지배의 부당성을 폭로하고, 우리 민족이 독립을 열망하고 있다는 점을 알리는 것을 중시했습니다. 그러나 우리 민족의 운명을 다른 나라에 의존한다는 것은 독립 국가로서의 자세를 갖추지 못한 것이나 다름없었습니다. 또한 제국주의 시대에 우리 민족을 도와 일본에 항거할 나라나 국제 단체를 찾는 것은 사실상 불가능에 가까웠습니다.

끝으로 안창호 등의 실력 양성론자는 지금 단계에서 우리가 해야 할 일은 무기, 자금, 병력 등을 확보하여 앞으로 있을 독립 전쟁에 대비해야 한다고 주장했습니다. 이를 위해 교육이나 경제면에서 우리의 실력을 양성하는 일이 중요하다고 보았습니다. 그러나 일본의 탄압과 감시하에서 민족의 실력을 양성한다는 것은 사실상 불가능한 일이었습니다. 또한 일본의 민족 차별 교육으로 우리 민족의 상당수가 문맹이었고, 경제 분야 또한 상당 부분이 일본 자본에 예속되었기 때문에 실력 양성 운동은 쉽지 않았습니다.

이처럼 임시 정부는 독립 운동의 노선을 둘러싼 갈등뿐만 아니라 사회주의와 민족주의 계열 간의 갈등, 이승만이 윌슨에게 위임 통치 청원서를 제출한 사건 등 문제점들이 계속 불거졌습니다. 특히 이승만이 미국 대통령을 통해 우리나라를 국제연맹에 위임 통치하도록 요청한 사실이 밝혀지자 1921년 4월 신채호, 박용만 등은 임시 정부와 임시 의정원의 해산을 요구했습니다.

임시 정부 분열을 더 가속화시킨 국민 대표 회의

임시 정부는 여러 문제를 해결하고 내부 분열을 극복하기 위해 1923년 1월 3일부터 5개월 동안 상하이에서 국민 대표 회의를 개최했습니다. 교과서에는 "임시 정부가 국민 대표 회의를 개최하여 국내외의 독립 운동 상황을 점검하고 새로운 활로를 모색했지만 창조파와 개조파의 대립으로 결렬되었다."고 서술하고 있습니다.

국민 대표 회의는 어떻게 진행되었을까요? 국민 대표 회의의 목적은 국내외 독립 운동가들이 한자리에 모여 임시 정부의 노선과 활동을 재평가하고, 분열된 독립 운동 전선을 통일하여 앞으로의 진로를 모색하는 것이었습니다. 회의를 위해 의장에 김동삼, 부

의장에 윤해와 안창호가 선
출되었습니다.

국내, 상하이, 만주 일
대, 베이징, 간도 일대, 연
해주, 미주 등지의 120여
개 단체에서 130명 정도가
정식 대표로 인정되었고,

국민 대표 회의 선언서

이들에 의해 회의가 진행되었습니다. 안창호를 임시 의장으로 한
예비 회의에서 본회의에 상정할 안건이 심의되고, 1월 31일부터
김동삼을 의장으로 본회의가 시작되었습니다.

하지만 국민 대표 회의는 임시 정부의 진로를 둘러싸고 크게
3개의 세력(신채호를 중심으로 한 창조파, 안창호를 중심으로 한 개조파, 김
구를 중심으로 한 현상유지파)으로 분열되었습니다.

특히 창조파와 개조파가 격렬하게 대립했습니다. 창조파는
임시 정부가 처음부터 인적, 지리적으로 제한되었기 때문에 상하
이의 일개 독립 운동 단체에 지나지 않는다고 판단했습니다. 이에
항일 무장 투쟁을 효율적으로 전개하기 위해 만주나 연해주로 가
서 임시 정부를 대체할 새로운 조직을 만들어 투쟁해야 한다고 주
장했습니다.

반면 개조파는 임시 정부가 3·1운동에서 나타난 민족적 열
망을 바탕으로 출범한 우리 민족의 대표 기관이라고 생각했습
니다. 따라서 임시 정부에 문제가 있다면 조직과 체제를 개선하

여 계속 독립 운동의 중심 역할을 맡아야 한다고 주장했습니다.

이러한 양측의 대립은 3월 13일 임시 정부 개조안이 상정되면서 더욱 격화되었습니다. 결국 5월 15일 개조파인 만주 대표들이 사임하고 김동삼 등은 만주로 돌아갔습니다. 6월 3일에는 창조파만 모여서 회의를 진행하여 임시 정부를 부인하고 새 정부 '조선 공화국 혹은 한(韓)'을 수립했습니다. 6월 7일에는 새로운 헌법 제정과 함께 국민 위원회를 조직하고 국민 대표 회의 폐회를 선언했습니다.

창조파가 신정부를 수립하자 개조파 위원 57명은 반대 성명을 발표했습니다. 각지에서는 경고 성명이 빗발쳤습니다. 중국의 지린과 서간도, 북간도의 단체들은 신정부 수립은 절대 불가하다는 입장을 밝혔습니다.

이러한 혼란 속에서 현상유지파인 김구가 나섰습니다. 김구는 국민 대표 회의가 임시 정부의 분열만 일으키므로 처음부터 불필요하다고 판단했습니다. 당시 임시 정부 내무총장이었던 김구는 내무령 제1호를 발령하여 창조파만이 모여서 진행한 회의에 대해 해산 명령을 내리고 추방까지 했습니다.

국민 대표 회의는 실패로 끝났고, 수많은 독립 운동가들이 임시 정부를 이탈했습니다. 이런 가운데 김구, 이동녕, 이시영, 조완구, 엄항섭, 차이석 등의 현상유지파는 산하 조직도 없이 고군분투하면서 임시 정부를 지켰습니다.

임시 정부는 결렬된 국민 대표 회의를 어떻게 정리했을까요?

임시 정부는 체제 개편 작업에 집중하면서 이승만 대통령을 탄핵시키고 후임으로 박은식을 선출했습니다. 1925년 4월에는 제2차 개헌을 단행하여 이승만의 독주로 인해 부정적인 평가를 받던 대통령제를 폐지하고 내각책임제인 국무령제를 채택했습니다.

초대 국무령에는 만주에서 활동하는 독립 운동가 중 명망이 높은 이상룡이 추대되어 6개월 동안 임시 정부의 혼란을 수습해나갔습니다. 이후 1926년 7월에는 후임으로 홍진이 취임했고 이어서 김구가 국무령이 되었습니다.

1927년에는 국무령으로 취임한 김구가 헌법을 고쳐 국무위원이 차례로 주석을 맡는 집단 지도 체제로 바꾸었습니다. 그리고 이동녕과 김구 등을 중심으로 체제를 재정비해나갔습니다.

이러한 노력에도 불구하고 임시 정부는 내각을 구성하기도 어려울 정도로 세력이 약화되었습니다. 우리 민족의 전체 독립 운동을 대표하는 단체에서 개별 독립 운동 단체 중 하나가 되어버린 것입니다. 오랜 침체기를 겪은 임시 정부는 김구가 1931년 말에 한인 애국단을 조직하면서 새로운 활로를 개척하게 됩니다.

최고의 아군이자 조력자
프랑스

여러분들은 살아오면서 큰 어려움에 빠졌을 때 도움을 준 사람들이 있나요? 저는 스타 강사가 되겠다고 무작정 상경하여 동네의 조그마한 학원을 전전하던 시절이 있었습니다. 그러던 중 어느 날 우연히 알게 된 국어 강사가 친하지도 않은 저를 인터넷 강의 회사에 추천해주어 오디션 기회를 얻게 되었습니다. 저는 그 기회를 통해 첫 인터넷 강의를 시작할 수 있었지요. 지금도 제 강사 인생의 전환기를 만들어준 선배 국어 강사를 평생의 은인으로 생각하고 있습니다.

개인 자격이 아닌 정부의 형태로 중국 상하이에서 활동하면서 임시 정부는 많은 어려움을 겪었습니다. 임시 정부가 겪었던 어려움은 말이나 글로 다 표현하지 못할 것입니다. 이러한 임시 정부를 가장 헌신적으로 도와준 나라가 있습니다. 이번에는 교과서에는 전혀 나오지 않는 이야기를 해보고자 합니다.

프랑스 조계에 마련된 임시 정부 청사

임시 정부는 1919년 4월 11일 수립된 이래 1945년 11월 환국할 때까지 27년 동안 활동했습니다. 이 기간 동안 임시 정부는 중국을 비롯해 미국, 영국, 소련 등 여러 국가를 대상으로 정부의 승인과 한국 독립 운동에 대한 협조를 요청했습니다. 이중 가장 큰 도움을 주었던 국가가 바로 프랑스였습니다.

당시 상하이는 중국인 거주 지역, 홍커우를 중심으로 한 일본인 거주 지역, 미국과 영국이 공동으로 사용하는 공공 조계 그리고 프랑스 조계로 나뉘어져 있었습니다.

상하이의 한국 독립 운동가들은 프랑스 조계에서 활발하게 활동했습니다. 이들이 왜 프랑스 조계에 거점을 마련했는지 그 경위는 정확하게 밝혀지지 않았습니다. 다만 프랑스가 자유와 평등을 이상으로 하는 국가로서 정치 망명자들에 대해 비교적 관대했기 때문에 독립 운동가들이 프랑스 조계에 자리 잡는 데 큰 영향을 미친 것으로 추정합니다.

1910년 일본에게 나라를 빼앗기자 많은 인사들이 국외로 망명했습니다. 이때 많은 인사들이 상하이 프랑스 조계로 모여들었

상하이 임시 정부 청사의 현재 모습

고, 그 결과 임시 정부를 수립할 수 있었습니다. 프랑스 조계는 프랑스의 주권이 행사되는 지역입니다. 그렇기 때문에 정부 수립과 활동을 위해서는 프랑스 조계 당국의 양해와 협조를 얻는 일이 반드시 필요했습니다.

상하이에는 일본 총영사관이 있었고, 일본의 탄압과 체포로부터 보호를 받아야 했습니다. 특히 임시 정부 수립을 위해 프랑스 영사관과의 교섭이 꼭 필요했습니다. 임시 정부는 교섭을 통해 프랑스 조계에서 정부 수립에 대한 양해와 협력을 구하고 정부 인사들의 보호를 요청했습니다. 이 요청에 프랑스 영사관은 임시 정부 수립 자체에 대해서는 별다른 문제를 삼지 않는다는 불간섭의 입장을 밝혔습니다. 다만 사적으로 양해와 협조를 요청하고 공개적으로는 활동하지 말 것을 부탁했습니다.

임시 정부는 프랑스 조계를 가로지르는 중심 거리 하비로에 청사를 마련했습니다. 청사 정문에는 인도인 수위를 세우고 건물에는 태극기를 내걸었습니다. 그런데 임시 정부는 일본인 기자의 청사 방문 취재를 허용했고 임시 정부에 대한 신문기사가 상세히 보도되는 것을 막지 않았습니다. 이는 프랑스 영사가 공개적으로 활동하지 말아달라는 요청을 지키지 않은 것입니다.

일본은 베이징에 주재하는 프랑스 공사에 임시 정부가 상하이에서 공개적으로 활동하고 있는 것에 대해 항의했고, 이에 프랑스는 조계 내에 동맹 국가인 일본에 대한 반란 세력이 존재할 수 없다며 1919년 10월 17일 임시 정부 청사를 폐쇄하라는 명령을 내렸습니다. 청사가 폐쇄당한 임시 정부는 공개적인 활동이 어려워졌고 별도의 청사도 마련하지 못했습니다. 임시 정부 청사를 필리핀으로 이전하자는 논의가 나올 만큼 프랑스 조계 내에서의 임시 정부 활동은 어려워졌습니다.

임시 정부 요인들을 보호해준 프랑스

프랑스 조계 당국은 비록 임시 정부 청사를 폐쇄 조치했지만 임시 정부 인사들은 보호해주었습니다. 폐쇄 명령을 내린 직후인 1919년 10월 21일 베이징의 프랑스 공사관에서 작성한 문건에는 일본이 한국인의 추방을 요구한다면 프랑스로 소환하는 방법을 제시하는 것이 좋겠다는 내용이 적혀있습니다.

상하이에 임시 정부가 수립되자 일본은 외무성, 상하이에 주재하는 일본 총영사관, 조선 총독부 등 모든 기관을 활용하여 탄압했습니다. 하지만 거기에 맞서야 하는 임시 정부는 무기도 없고 군사력이나 경찰도 갖추기 어려운 상황이었습니다. 임시 정부는 그저 경무국으로 하여금 일본이 파견한 밀정을 색출하고 처단하는 일밖에 할 수 없었습니다.

일본은 상하이에 거주하는 한국인들을 일본 신민으로 여겼습니다. 그렇기 때문에 일본 총영사관이 임시 정부 인사들에 대한 체포 영장을 발부하면 프랑스 조계 측에서는 거부하는 일이 쉽지 않았습니다. 이에 프랑스 공사관은 임시 정부 인사들을 프랑스로 옮겨 보호하려 했던 것입니다. 다행히 프랑스 측에서 해결 방안을 찾아냈기 때문에 임시 정부는 필리핀으로 이전되지 않았고, 임시 정부 인사들이 프랑스로 이동하는 일 또한 발생하지 않았습니다.

프랑스 조계 당국은 한국 독립 운동가들을 어떻게 보호해주었을까요? 프랑스는 일본이 한국인을 체포하고 인도하라고 요구할 경우 일본에서 활동하는 쿠옹 데 등의 베트남 혁명가들을 인도하라는 조건을 내세웠습니다. 당시 일본에는 프랑스의 식민 지배에 저항하는 베트남의 독립 운동가들이 활동하고 있었습니다.

또한 일본 총영사관이 한국인에 대한 체포 영장을 발부하여 가지고 오면 프랑스 조계 당국은 서명을 해주지 않았습니다. 부득

이 일본의 체포 요구를 거절할 수 없을 경우에는 임시 정부 요인들이 피신할 수 있도록 미리 알려주었습니다.

프랑스는 엄항섭, 옥성빈, 박제도 등의 한국인을 경찰관으로 고용했습니다. 이들을 고용한 이유와 경찰관으로서 어떤 활동을 했는지는 명확하게 알려져 있지 않습니다. 그렇지만 임시 정부는 이들을 통해 일본 관련 정보를 알아낼 수 있었고 일본 경찰의 체포로부터 미리 피신할 수 있었습니다.

프랑스 조계 당국이 일본의 요구를 거절하기 힘든 경우도 있었습니다. 일본은 영악하게 프랑스 조계에 거주하는 한국인 중 독립 운동과 전혀 관련 없는 사람들이 저지르는 범죄 행위를 이용했습니다. 예를 들면 일반 한국인들이 저지른 범죄 행위를 독립 운동가에게 누명을 씌워 체포했는데, 이럴 경우 프랑스 조계 당국은 거절할 방법이 없어 독립 운동가들을 일본에게 넘겨줄 수밖에 없었습니다.

대표적인 사례로 상하이 임시 정부를 수립한 29명 중 한 명이자 '대한민국'이라는 국호를 제안한 신석우의 체포 사건이 있습니다. 일본 총영사관에서 신석우를 '사기, 협박, 부정행위' 용의자로 지목하고 체포 영장을 발부하자 프랑스 영사는 거절하지 못하고 서명했습니다. 결국 신석우는 일본 경찰에 체포되었습니다.

이러한 일본의 계략에 맞서 프랑스는 새로운 전략을 펼쳤습니다. 일본의 요구에 의해 프랑스 경찰이 한국인을 체포했을 경우 체포된 한국인이 중국 국적을 가졌다고 하면서 일본에 넘겨주지 않은 것입니다. 김좌진 장군의 친척인 김종진 체포 사건이 대표적인 사례입니다. 일본 총영사관에서 김종진의 체포를 요구하자 프랑스 경찰이 그를 체포하긴 했지만 김종진이 중국 국적을 가지고 있다고 밝히자 일본 총영사관으로 넘기지 않고 석방시켰습니다.

임시 정부는 청사 폐쇄라는 조치와 일본의 갖은 탄압에도 프랑스의 보호 덕분에 상하이에서 계속 활동할 수 있었습니다. 임시 정부는 이러한 프랑스 조계 당국의 호의를 잊지 않았습니다. 안창호는 직접 프랑스 영사관에 찾아가 감사의 뜻을 표시했고, 임시 정부의 경무국장으로 활동하면서 프랑스 조계 당국과 가장 많은 접촉을 했던 김구 또한 프랑스 조계 당국에 대한 감사 인사를 잊지 않고《백범일지》에 남겼습니다.

상하이 시기 임시 정부는 항상 경제적으로 어려웠습니다. 그러나 아무리 어려워도 프랑스 조계에서 활동한 14년 동안 프랑스 당국에 대한 감사 표시를 단 한 번도 거른 적이 없었습니다.

프랑스 조계의 도움이 사라지자 위기에 처하다

프랑스 조계 당국이 더 이상 임시 정부를 보호할 수 없는 사건이 일어났습니다. 바로 1932년 4월 29일 윤봉길 의사의 홍커우 의거입니다.

일본은 이 사건을 임시 정부가 주도한 것으로 판단하여 일본 경찰을 프랑스 조계로 보냈습니다. 일본은 사건의 배후로 이유필을 지목했고 그에 대한 체포 영장을 프랑스 조계에 제출했습니다. 프랑스 조계 당국은 거절할 수 없었고, 일본 경찰은 프랑스 조계에서 활동하는 독립 운동가 체포를 위해 대대적인 수색 작업을 전개했습니다. 이때 미처 피신하지 못한 안창호를 비롯한 11명이 체포되었고, 임시 정부 청사는 습격을 당해 관련 서류들이 모두 압수되었습니다.

윤봉길 의거로 인해 임시 정부와 독립 운동가들은 더 이상 프랑스 조계로부터 보호를 받을 수 없게 되었습니다. 결국 김구를 비롯한 임시 정부 요인들은 가흥으로 피신했고 임시 정부는 절강성 항저우로 옮기게 되었습니다.

우리에게 에펠탑, 베이커리, 마카롱으로 유명한 프랑스가 상하이 임시 정부에 많은 도움을 준 나라임을 잊어서는 안 됩니다. 임시 정부는 프랑스 조계에서 활동했고, 만 13년 동안 프랑스 조계 당국으로부터 보호를 받았습니다. 많은 열강 중에서 임시 정부를 우호적으로 대하고, 정부로 승인하는 입장을 보였던 나라도 프랑스였습니다.

임시 정부 해체를 위한
조선 총독부의 움직임

임시 정부에 이중적인 태도를 보인 일본

'다른 사람의 처지에서 생각하라'는 뜻의 '역지사지(易地思
之)'라는 사자성어가 있습니다. 한국사 교과서의 주인공은 우리 역
사이기 때문에 임시 정부에 대한 이야기 또한 '우리' 입장에서 서
술될 수밖에 없습니다. 그러므로 임시 정부에 대한 일본의 입장을
살펴보는 것도 의미가 있다고 생각합니다.

일본과 조선 총독부는 상하이에 임시 정부가 수립되었을 때
어떤 생각을 했을까요? 일본은 임시 정부를 토지와 국민 없이 조
직된 일시적 단체라고 생각했습니다. 임시 정부 요인들은 단지 자
신들의 영화를 위해 독립을 구실로 조선 내의 인심을 선동한다고

보았습니다. 한반도에 살고 있는 조선인들은 임시 정부의 능력을 과대평가하고 있으며, "비록 경성에는 총독부가 있지만 상하이에 우리 정부가 있다."라는 말 또한 오해에서 비롯된 것이라 판단했습니다.

일본은 임시 정부 수립에 대해 크게 신경 쓰지 않는 듯했습니다. 하지만 실상은 전혀 달랐습니다. 3·1운동의 원인을 분석한 일본은 상하이에서 활동하는 한국 독립 운동가들이 여러 원인 중 하나라고 판단했습니다.

임시 정부는 3·1운동 직후 국내외 동포들의 기대와 관심 속에서 수립되었고, 상하이에서 활동하고 있는 독립 운동가들과 직접적으로 관련이 있습니다. 그러니 일본 입장에서는 여간 신경 쓰이는 것이 아니었습니다. 조선 총독부는 상하이 임시 정부의 활발한 활동에 조선 민중이 지지를 보내자 불안감을 느꼈습니다. 겉으로는 임시 정부를 일개 독립 운동 단체나 일시적 집합 정도로 취급하고 무시하면서도 한반도의 치안에 큰 우려가 될 수 있다며 주의를 기울이는 이중적인 태도를 취했습니다.

우리는 나라를 위해 목숨을 바친 독립 운동가들을 기억하고 항상 감사하는 마음을 가지고 있습니다. 오늘날과 마찬가지로 그 당시에도 독립 운동가들은 일반 민중에게 존경의 대상이었습니다.

그러나 조선 총독부가 그들을 바라보는 시각은 우리와 달랐습니다. 조선 총독부는 국내외 각지에서 활동한 독립 운동가들은

임시 정부 경무국장 김구, 내무총장 겸 국무총리 안창호,
동삼성 외교위원장 이탁

지방색이 뚜렷하기 때문에 독립 운동 노선을 놓고 대립할 가능성
이 높다고 판단했습니다. 그리고 일본에 의해 독립하려는 자, 미국
에 의해 독립하려는 자, 일본과 미국의 전쟁을 독립의 기회로 이용
하려는 자, 과격파와 제휴하려는 자, 위임 통치를 주장하는 자, 독
립은 도저히 불능이라는 자, 직업적 배일선인(일본에 반대하는 조선
인), 독립을 염두에 두지 않는 자 등 임시 정부에 모인 독립 운동가
들을 구체적으로 분석했습니다.

　　조선 총독부는 이러한 분석을 임시 정부 내부의 분열과 회
유 정책에 활용했습니다. 또한 조선 총독부는 한반도의 치안 유
지를 위해 임시 정부를 감시하고 탄압했습니다.

조선 총독부와 상하이 주재 일본 총영사관의 입장

조선 총독부는 임시 정부의 동태를 파악하기 위해 상하이에 통역관, 연락 파견원, 특파원 등을 파견하여 한국인과 독립 운동가를 감시했습니다. 상하이 주재 일본 총영사관 또한 임시 정부에 대한 첩보 활동을 전개했습니다. 그런데 두 기관은 임시 정부에 대한 대응책이 달랐습니다.

조선 총독부는 상하이 독립 운동가들이 국내에 잠입하기 전 상하이에서 바로 체포하는 것이 최선책이라고 판단했습니다. 프랑스 조계에서 활동하는 독립 운동가들을 전부 체포할 수만 있다면 임시 정부를 손쉽게 무너뜨릴 수 있다고 판단했습니다. 이를 위해 임시 정부에 대한 직접적 공격과 탄압을 가했습니다.

상하이 주재 일본 총영사관은 조선 총독부와는 전혀 생각이 달랐습니다. 이들은 프랑스 조계 당국과의 외교상 관계를 고려할 수밖에 없었습니다. 또한 프랑스 조계 당국의 협조 없이는 임시 정부 요인을 체포할 수 없었습니다. 일본 총영사관 경찰이 한국인 독립 운동가를 체포하려면 프랑스 조계 경찰의 협조가 필요했고, 체포하려는 한국인이 중국 국적을 취득했다면 프랑스 공동 재판소의 허가를 받아야만 했습니다. 이러한 상황에서 일본 총영사관은 조선 총독부와는 달리 임시 정부 문제를 신중하게 접근했습니다.

임시 정부 국내 활동에 대한 강경한 탄압 정책

조선 총독부는 임시 정부가 전개하는 국내 활동을 가장 두려워했습니다. 국내 인력과 재정이 필요했던 임시 정부는 국내와의 연결을 위해 내무부에서는 연통제와 교통국을 설치했고, 국내 비밀 군사 조직 확보가 필요했던 군무부에서는 주비단을 설치하고 직할 부대를 편성했습니다.

임시 정부는 '연통제-교통국-주비단'으로 이어지는 삼각 체제를 바탕으로 조사원, 특파원, 통신원, 공채 모집원, 선전원 등을 파견하여 다양한 형태로 국내 활동을 전개했습니다. 파견된 요인들은 임시 정부 선전, 국내 독립 운동 조직과의 연락, 군자금 모집, 의열 투쟁, 총독부의 통치 상황에 대한 보고 등 다양한 임무를 수행했습니다.

임시 정부는 1920년 초까지 연통제와 교통국을 활용하여 국경 지역에서 국내 독립 운동 단체와 연계하여 활발하게 국내 투쟁을 전개했습니다. 그 결과 압록강 일대 지역을 큰 혼란에 빠뜨리면서 조선 총독부와 친일 관리를 긴장시켰습니다. 결국 조선 총독부는 식민 통치의 안정적인 운영을 위해 강경한 무력 탄압을 강행했습니다.

조선 총독부는 곧바로 경찰과 군대를 동원하여 국경 경비를 강화하고, 임시 정부 파견원을 색출하고 체포하는 데 주력했습니다. 임시 정부 파견원이 이미 국경을 통과했거나 경성 시내로 들어와 숨어있다는 정보를 입수하면 곧바로 경계와 감시를 강화했습니다. 시내의 각 경찰서는 꼼꼼하게 호구 조사를 실시했고, 경성역과 각 정거장 및 여인숙 등을 일일이 조사했습니다. 조선 총독부는 3·1운동과 임시 정부의 활동 등으로 반일적인 혁명 운동이 해외로 확산되는 것과 해외 혁명가들의 입국을 막는 데 심혈을 기울였습니다.

이를 위해 조선 총독부는 1919년 4월 조선인 일체의 출입국에 엄중한 제한을 두는 조선 총독부 경찰령 '조선인의 여행 취체에 관한 건'을 공포하고 조선을 봉쇄하는 정책을 시행했습니다. 이 법령에 따르면 조선 밖으로 나가거나 조선 안으로 들어오는 모든 조선인은 반드시 거주지의 경찰 관서에서 여행 증명서를 받아야 하고, 그 증명서를 접경 소재지 경찰 관서에 제출하는 것을 의무화했습니다.

조선 총독부의 치밀하고 영악한 탐색과 추적으로 임시 정부 파견원들은 하나둘씩 체포되었고, 상하이와 국내의 통신 수단 및 문서 발송에 대한 정보도 밝혀졌습니다. 1921년에 이르러서는 연통제와 교통국 등이 속속 발각되면서 임시 정부는 큰 위기를 맞이했습니다.

임시 정부의 자금 공급을 차단한 조선 총독부

조선 총독부는 임시 정부의 자금 공급을 차단하는 데도 심혈을 기울였습니다. 임시 정부는 재정 구조가 취약하기 때문에 국내에서의 자금 공급이 막히면 크게 흔들리고 내부 갈등과 분열이 일어날 것이라고 판단한 것입니다.

조선 총독부는 국내 각지에서 상하이 한국인에게 전달되는 송금이 적지 않고 그 돈이 독립 운동 자금으로 흘러들어가는 것을 확인한 뒤에는 일본 총영사관에게 여러 방법을 실행하게끔 했습니다.

우선 우편국은 상하이 방면으로 송부하는 어음, 수표 등의 환 발행 신청이 있을 때마다 발송인 성명, 수취인 성명, 금액을 경찰에 통보하도록 했습니다. 경찰 조사 결과 송금된 자금이 독립 운동에 사용되면 그 내용을 일본 총영사관에 보고했습니다. 그리고 수취인이 그 자금을 받으러 올 때 총영사관 경찰이 체포했습니다. 이와 같은 일본의 방해로 국내에서 어렵게 모인 독립 운동 자금이 상하이 임시 정부로 전달되는 것이 번번이 막혔습니다.

조선 총독부의 철저한 자금 단속은 재정 구조가 취약한 임시 정부에 큰 위기를 불러왔고 내부 갈등의 실질적인 원인이 되었습니다. 임시 정부는 연통제와 교통국이 발각되고 자금 조달에도 어려움을 겪자 이 국면을 타개하기 위해 국민 대표 회의를 개최했습니다. 이를 통해 독립 운동의 새로운 방향을 모색하고자 했습니다.

한인 애국단 조직하다

임시 정부 의열 투쟁을 준비하다

일제 강점기에 행해진 의열 투쟁은 개인적인 활동과 조직적인 활동으로 나눠볼 수 있습니다. 교과서에는 안중근 의사의 의거는 개인적인 의열 투쟁으로, 김원봉의 의열단과 김구의 한인 애국단은 조직적 의열 투쟁이라고 나와 있습니다.

한국 독립 운동의 주요한 전략 중 하나였던 의열 투쟁은 일제타도와 민족 독립을 목표로 일제 기관 파괴, 요인 암살, 친일파 및 밀정을 처단하고자 했습니다. 이를 통해 밖으로는 일제의 정치적, 군사적, 사회적 및 경제적 기반에 전반적인 타격을 가해 붕괴를 촉진하고, 안으로는 민족 구성원들의 항일, 반제국주의 투지와 독립 의지를 고취시키고자 했습니다.

일제 강점기에 수많은 의사(義士)들이 의열 투쟁을 했습니다. 가장 잘 알려진 의열 투쟁은 1909년 하얼빈에서 이토 히로부미를 처단한 안중근 의사의 의거, 1932년 도쿄에서 일왕을 저격한 이봉창 의사의 의거, 같은 해 4월 홍커우 공원에서 일제 요인들을 폭살시킨 윤봉길 의사의 의거를 들 수 있습니다. 이 3대 의거는 한국 독립 운동사에서 큰 의미를 지닙니다. 가혹한 일제의 식민 통치 속에서 벗어나 자주 독립을 열망하는 우리 민족의 의지를 보여주고 있기 때문입니다.

안중근을 제외한 이봉창, 윤봉길은 임시 정부 예하의 특무대 (특공대)인 한인 애국단 단원이었습니다. 일제가 만주 침략을 자행하면서 한국인과 중국인 사이를 이간질시키고 한국 독립 운동을 더욱 탄압하자 임시 정부는 김구에게 특무대를 편성하도록 위임했고 이에 한인 애국단이 조직되었습니다.

오보가 부른 만보산 사건

임시 정부에게 큰 전환기를 만들어준 한인 애국단이 결성될 시기의 국제 정세를 정확하게 알아야 합니다. 3·1운동의 영향으로 수립된 임시 정부는 한국 독립 운동의 중심 역할을 했습니다. 그러나 1920년대 들어 여러 가지 문제로 인해 어려움을 겪었습니다.

1931년 7월 일제는 한국인과 중국인을 이간질시키기 위해 '만보산 사건'을 조작했습니다. 중국 지린 만보산 삼성보에서 한국인들이 중국인에게 빌린 토지를 개간하기 위해 수로를 설치하던 중 근처 중국인의 토지에 피해를 주면서 공사가 중단되는 일이 발생했는데, 일본군이 이를 한국인과 중국인이 반목하는 데 악용하고자 무장 경찰을 동원하여 수로 공사를 강행한 것입니다. 여기에 더해 장춘신문사에 근무하는 친일 중국인이 '한국인들이 만보산에서 중국인들의 습격을 받아 살해당했다.'는 허위 보도를 내보냈습니다.

허위 사실이 보도되자 국내에서는 반중 감정이 들끓었고 서울, 인천, 평양 등 대도시에서는 중국인이 살해당하는 일이 발생했습니다. 중국 동삼성* 지역 중국인들도 한국인들을 습격했습니다. 일본이 악의적으로 조작한 만보산 사건으로 많은 한국인과 중국인이 희생되었고, 중국 관내 및 동삼성 지역 중국인의 반한 감정을 증폭시킴으로써 한국 독립 운동은 큰 타격을 받았습니다.

대륙 침략의 신호탄, 만주 사변

일본의 만행은 여기서 끝이 아닙니다. 일제는 1931년 9월

---

* **중국 동삼성** : 중국 동북 지역의 3개의 성으로 라오닝성, 지린성, 헤이룽장성을 말합니다.

18일 대륙 침략의 신호탄으로 만주 침략을 감행했습니다. 이를 '만주 사변'이라고 합니다.

만주 침략의 명분도 일본의 조작으로 시작되었습니다. 중국에 주둔한 일본군은 동삼성 지역에 있던 일본 소유의 남만주 철도를 폭파시킵니다. 그리고 중국군의 선제 공격으로 철도가 폭파되었다는 왜곡 보도를 한 후 만주 침략을 개시하여 동삼성 일대 주요 도시를 점령했습니다.

1932년 3월 1일 일본은 중국에 친일 만주 정권인 만주국을 세웠습니다. 청나라의 마지막 황제 푸이를 국가 원수에 해당하는 집정에 앉히고 신경(현재의 창춘)을 수도로 정했습니다. 일본이 푸이를 앞세워 만주국을 세운 것은 중국인들의 반일 정서를 희석시키기 위해서였습니다.

일본은 중국 본토로부터 동삼성 지역을 분리시켜 일제 지배하에 두어 대륙 침략 전쟁의 병참 기지를 마련하고자 했습니다. 그 결과 만주 지역에 살던 200만 명의 우리 동포가 위협을 받았습니다. 무엇보다도 무장 독립군은 최후의 거점을 잃어버려 만주에서의 독립 운동은 큰 타격을 받았습니다.

중·일 전쟁의 전초전, 상하이 사변

만주를 점령한 일본은 중국 침략 정책을 계획했습니다. 상하이를 중국 본토 침략의 거점으로 만들기 위해 또 다른 침략의 구실을 조작하는데 그것이 바로 '상하이 사변'입니다. 일본은 중국인 부랑아를 매수하여 일본인을 습격하게 하고 사망자가 생기자 이에 대한 중국 측의 사과와 가해자 처벌, 배상, 반일 운동의 단속 등을 요구했습니다. 중국은 기만적인 조작임을 눈치 채고 일본의 요구를 받아들이기로 했습니다. 그러나 중국의 조치는 일본이 원하던 바가 아니었고, 일본은 당초 의도한 대로 1932년 1월 28일 상하이를 침략하여 상하이 사변을 일으켰습니다.

중국은 채정해가 지휘하는 중국 측 제19로군과 국민당 장제스 정부의 장치중이 지휘하는 제5로군이 합동하여 강력하게 항전하는 한편 민병대도 참전하여 상하이를 지키기 위해 고군분투했습니다. 전쟁 초반 고전한 일본군은 육해군 10만 병력과 비행기 100여 대를 투입했고, 중국군은 끝까지 버텼지만 결국 상하이를 지켜내지 못하고 일본군에게 점령당했습니다.

일본군의 상하이 점령은 그곳에서 활동하던 한국 독립 운동 세력과 임시 정부에게 큰 위기였습니다. 하지만 위기 뒤에 기회가 찾아오듯 만주 사변, 상하이 사변은 중국인의 항일 의식을 고조시켜 한·중 항일 연대를 공고히 할 수 있는 계기가 되었습니다.

교과서에는 "1923년 위기를 맞았던 임시 정부는 1930년대에 들어서도 지지부진한 상태를 면치 못했고, 이러한 상태에서 벗어나기 위해 김구는 1931년 한인 애국단을 조직했다."라고 서술되어 있습니다. 이 내용만으로 한인 애국단이 결성된 시기의 국제 정세를 파악하기는 쉽지 않습니다. 이번 기회를 통해 조금 큰 틀에서 한인 애국단을 바라볼 수 있기를 바랍니다.

한인 애국단의 활동

이러한 국제 정세 속에서 김구는 침체된 임시 정부에 활기를 불어넣고 의열 투쟁을 통해 일제와 투쟁할 목적으로 비밀 결사인 한인 애국단을 조직했습니다. 이승만 탄핵, 자금난과 인력 부족 등의 내부적 요인으로 임시 정부는 독립 운동의 중추 역할을 감당하기 어려운 처지에 놓였고, 국민 대표 회의 결렬 이후에는 상당수의 독립 운동가들이 임시 정부를 떠나 독자적으로 활동하고 있었습니다. 한마디로 임시 정부는 어떠한 활동도 할 수 없을 정도로 쇠퇴한 상태였습니다.

이런 상황에서 임시 정부가 건재하다는 사실을 국내외에 알리기 위해서 의열 투쟁보다 좋은 것은 없었습니다. 대규모 군대를 조직할 수 있는 여력이 없었기 때문에 의열 투쟁은 임시 정부로서는 최선의 선택이었습니다.

한인 애국단이라고 하면 무엇이 떠오르나요? 대부분 이봉창, 윤봉길을 말할 것입니다. 교과서에 한인 애국단과 관련된 인물로 김구, 이봉창, 윤봉길만 언급하고 있기 때문입니다.

김구가 만든 한인 애국단의 특공 활동은 일왕, 일본군 사령관, 일본 관동청 장관, 남만주 철도 회사 총재 등 일본 제국주의 최고위 지휘자나 일본군 시설물, 무기 창고 등을 폭파시키는 것이었습니다. 작전의 지역적 범위는 일본 도쿄를 비롯해 일본군이 점령한 한반도, 관동 지역, 중국 상하이 등 동북아시아 전역이었습니다.

한인 애국단 최흥식 단원

한인 애국단은 1931년 11월부터 이듬해 5월 26일까지 약 7개월간 활동했습니다. 임시 정부 활동 기간(27년)과 비교해보면 매우 짧은 기간인데 이는 김구가 한인 애국단을 일시적인 방법으로 활용했다는 것을 알 수 있습니다.

한인 애국단은 특공 작전의 목표물과 대상을 세 가지로 나누었습니다. 첫 번째는 일본 제국주의의 침략 야욕이 강한 상징적 인물과 시설, 두 번째는 국제적 홍보와 선전 효과가 가장 큰 대상, 마지막은 일본 제국주의에 실제적으로 대타격을 가할 수 있는 목표와 대상이었습니다.

한인 애국단의 특공 활동 중 성공한 작전은 이봉창, 윤봉길 의거였고, 실패한 작전은 출운호 폭파, 조선 총독부에 대한 특공, 관동군 사령관에 대한 작전 등이었습니다. 중단한 작전으로는 상하이 부두의 일본군 무기고 폭파 등이 있습니다.

한인 애국단 단원은 어떻게 될 수 있었을까요? 한인 애국단은 민족 독립 쟁취를 위해 죽음을 각오한 애국 청년들을 엄선하여 단원으로 가입시켰습니다. 한인 애국단 단원 중 이봉창, 윤봉길만 알고 있는 것은 교과서 서술의 한계이기도 하지만 다른 이유가 있습니다.

사실 한인 애국단은 임시 정부 내에서도 극비의 특무대였기 때문에 단원의 수와 이름을 정확히 확인할 수 없습니다. 당시 일제 정보 기관은 한인 애국단원을 약 80명으로 추정했고, 이 중 핵심 단원을 10여 명으로 보았습니다. 이를 중심으로 한인 애국단원 명단을 정리해보면 다음과 같습니다.

단장	김구
단원	안공근, 김동우, 김해산, 엄항섭, 김홍일, 안경근, 손창도, 김의한, 백구파, 김현구, 손두환, 주엽, 양동호, 이덕주, 유진식, 이봉창, 윤봉길, 유상근, 최홍식, 이수봉, 이성원, 이성발, 왕종호, 이국혁, 노태영, 김경호, 김철

이 명단 또한 정확하지 않습니다. 한인 애국단원의 이름은 오직 김구만이 정확히 알 뿐 밝혀진 적이 없습니다. 심지어 가명을 주로 사용했기 때문에 현재로서는 정확한 이름을 알 길이 없습니다.

우리가 살고 있는 대한민국은 이름도 없이 사라진 수많은 무명 독립 영웅들의 피와 땀과 눈물이 있었기에 존재한다는 사실을 잊으면 안 됩니다. 앞으로는 한인 애국단을 떠올릴 때 이봉창, 윤봉길 외에도 수십 명의 단원이 함께했다는 사실을 기억해야 합니다.

임시 정부에 새로운 활력을 불어넣다

한인 애국단의 가장 대표적인 의열 투쟁은 이봉창 의거와 윤봉길 의거입니다.

이봉창은 1932년 1월 일본 도쿄에서 히로히토 일왕이 탄 마차에 폭탄을 던졌습니다. 비록 의거는 실패했지만 일제의 심장부에서 일왕에게 폭탄을 던진 이 사건은 국내외에 큰 충격을 주었습니다. 이 일을 두고 상하이의 신문들은 "한국인 이봉창이 일왕을 저격했으나 불행히도 성공하지는 못했다."라고 크게 보도하면서 거사가 성공하지 못한 것을 아쉬워했습니다.

한편 일제는 만주 침략으로 쏠린 세계의 관심을 다른 곳으로 돌리고자 이봉창 의거를 이용했습니다. 이봉창 의거에 대한 중국의 반일적인 태도를 구실로 군대를 동원해 상하이를 침략했고, 중국은 일본과의 전면전을 피하기 위해 불리한 조건으로 정전 협정을 맺었습니다.

1932년 4월 29일 상하이 홍커우 공원에서 일왕의 생일과 상하이 사변의 승리를 축하하는 기념식이 열렸습니다. 이때 윤봉길은 기념식 단상에 폭탄을 던져 많은 일본군 장성과 고관들을 처

경시청에서 이봉창을 연행하여 조사실로 끌려가는 모습

단했습니다.

독립 운동의 역사에서 한인 애국단의 이봉창, 윤봉길 의거만큼 큰 성과를 낸 것을 찾기는 쉽지 않습니다. 우리는 이 의거를 성공과 실패라는 잣대로 볼 것이 아니라 어떠한 의의가 있는지 주목해야 합니다.

"윤봉길 의거로 중국인의 반한 감정이 크게 완화되고, 중국 국민당 정부가 대한민국 임시 정부를 승인하고 지원을 강화하는 계기가 되었다. 이로써 한·중 연대의 항일 전선을 구축하는 결정적 계기가 마련되었다. 또한 중국 영토 내에서 우리 민족이 무장 독립 투쟁을 전개할 수 있도록 승인했는데, 이는 이후 임시 정부가 한국 광복군을 조직하는 데 큰 도움이 되었다. 그러나 이 사건의 영향으로 대한민국 임시 정부는 상하이를 떠나 1940년 충칭에 정착할 때까지 중국 각지를 떠돌았다."

교과서에서 하나의 사건을 이 정도의 분량으로 서술한 것은 이례적인 일입니다. 윤봉길 의사의 홍커우 의거 과정까지 포함한다면 분량은 더 늘어납니다. 한인 애국단의 이봉창, 윤봉길 의거는 그만큼 중요한 사건으로 국내외적으로 많은 의의를 가지고 있습니다.

광복 이후 김구는 상하이 홍커우 공원 의거 기념식에서 다음과 같이 말했습니다.

> 고 윤봉길 의사의 거사는 세계를 진동시켰고 우리 조선 사람이 살아있다는 것을 세계에 알린 것이다.

김구의 기념사에서 알 수 있듯이 이봉창과 윤봉길의 의거로 한국인의 독립 의지를 전 세계에 알릴 수 있었습니다.

일본은 한국이 자주 독립국임을 선포한 3·1운동을 무력으로 탄압했고, 만주 사변을 일으켜 중국 동북 지역을 무력 점령하는 등 기세가 등등했습니다. 이러한 시기에 이들의 의거는 한국이 일제의 식민 정책에 순응하고 있다고 생각했던 전 세계인에게 한국인의 독립 의지를 알린 것은 물론 일본에게는 씻을 수 없는 상처를 주었습니다. 특히 윤봉길 의거는 상하이 파견군 사령관 시라카와를 비롯한 수뇌부에게 철퇴를 가하는 큰 전과를 수립했습니다. 일본군의 상하이 사변 전승식을 박살냄으로써 일본은 만주 사변 이후 상하이 사변까지의 승리가 무색하게 되었고 국제적 위신까지

꺾여버렸습니다.

한인 애국단의 의거는 한국의 독립 운동을 고양시켰으며 이름뿐이었던 임시 정부가 다시 한 번 일어설 수 있는 계기가 되었습니다. 3·1운동 이후 일제의 문화 통치로 국내에는 허무주의와 퇴영, 퇴폐 심지어는 이른바 자치론에 빠져있었습니다. 이러한 상황 속에서 한인 애국단의 활동은 국내외 한국인들에게 민족 의식을 일깨워 항일 전선에 나아갈 수 있도록 했습니다. 또한 미국, 하와이, 멕시코, 쿠바 등에 사는 한국인들은 임시 정부를 돕기 위해 납세와 후원을 이어나갔습니다.

한인 애국단의 활동은 우리나라뿐만 아니라 중국인의 항일 정신 고양에도 기여했습니다. 중국은 만주 사변과 상하이 사변에서 패하자 윤봉길과 같은 청년이 나오기를 고대했습니다. 장제스는 윤봉길의 의거를 "중국의 100만 대군도 해내지 못한 일을 한국 용사가 단행했다."라고 말하기도 했습니다.

한인 애국단의 의거는 만보산 사건으로 악화된 중국인의 반한 감정을 해소시켜 중국의 적극적인 지원과 한·중 연합 항일 투쟁의 계기가 되었습니다. 윤봉길 의거로 장제스와 김구의 단독 회담이 성사되어 중국이 임시 정부를 적극 지원했고, 낙양 군관 학교에 한인 특별반이 설치되어 한국인 장교를 양성할 수 있었습니다. 또한 중국 동북 지역에 한·중 연합 전선이 형성되는 데도 기여했습니다. 중국 의용군을 이끄는 사령관 당취오는 윤봉길 의거 소식을 접한 후 조선 혁명군 참모장 김학교와 합작 협정에 서

홍커우 공원   홍커우 공원에 있는 윤봉길 의사 조각상

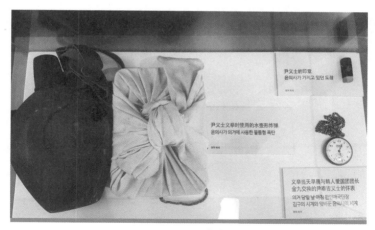

홍커우 공원 의거 당시 윤봉길 의사 소지품

명했습니다. 이후 영릉가 전투 등 많은 한·중 연합 전투를 함께 수행하여 승리를 거두었습니다.

한인 애국단의 의거가 임시 정부에 긍정적인 영향만 준 것은 아닙니다. 윤봉길 의거 이후 임시 정부는 상하이를 떠나 1940년 충칭에 정착할 때까지 중국 각지를 떠도는 이동을 피할 수 없었습니다.

상하이 임시 정부 수립일

　　2018년 4월 13일 제99회 대한민국 임시 정부 수립 기념식에서 정부는 2019년부터 기념일을 4월 11일로 변경한다고 발표했습니다. 2005년부터 학계에서는 대한민국 임시 정부 수립일이 4월 13일이 아니라 4월 11일이라는 주장이 강하게 제기되었는데, 이로써 임시 정부 수립일 문제가 일단락된 것입니다.

　　인문학 강연을 하다 보면 임시 정부 수립 기념일에 대해 다음과 같은 질문을 받곤 합니다.

　　"4월 11일이든 4월 13일이든 그게 중요한가요? 후손들이 임시 정부와 독립 운동을 하셨던 분들을 기억하는 것만으로 충분하지 않나요?"

　　만약 부모님께서 여러분의 생일을 각자 다르게 알고 있다면 황당하지 않을까요? 이처럼 임시 정부 수립일을 제대로 바로잡는 것은 진짜 생일을 찾아주는 것과도 같습니다. 임시 정부의 올바른 생일을 찾기 위해서는 먼저 4월 13일이 어떻게 임시 정부 수립 기념일이 되었는지 살펴보아야 합니다.

　　4월 13일이 임시 정부 수립 기념일로 제정된 경위는 분명하지 않습니다. 현재 확인되는 공식적인 기록은 1967년 국사편찬위원회(이하 국편)에서 편찬한 《한국 독립 운동사 3》입니다. 이 책에는 4월 10일 제1회 임시 의정원 회의에서 각원을 선임하고 "13일 상하이에 모인 독립 운동자 수가 1,000여 명이 되자 의정원법을 제정하여 내지 8도, 노령, 중국령, 미국령의 11개 지방 선거구로 나누어 지방 선거회에서 각각 대의사를 투표 선출하고, 이날 임시 정부의 국무원 및 각부 위원 또한 선임하여 임시 의정원과 임시 정부의 조직이 완료되자 이날 곧 1919년 4월 13일 '대한민국 임시 정부' 수립을 내외에 선언했다."고 서술되어있습니다.

그러면 도대체 왜 국편은 '4월 13일'을 임시 정부 수립일로 정했을까요? 이 의문을 해결하는 가장 빠른 방법은 《한국 독립 운동사 3》에서 임시 정부 수립일과 관련된 출처를 확인하는 것이지만 안타깝게도 현재 출처는 확인할 수 없습니다. 그러나 다행히 국편이 《한국 독립 운동사》 편찬 사업의 일환으로 진행한 《일제치하 36년사 4》에서 그 출처를 추정할 수 있었습니다.

《일제치하 36년사 4》는 《한국 독립 운동사 3》이 발행된 지 2년 뒤인 1969년에 발행된 책입니다. 이 책에 기록되어있는 1919년 4월 13일 내용의 출처는 《조선 민족 운동 연감》입니다.

《조선 민족 운동 연감》은 1932년 일본 총영사관 경찰부 제2과가 펴낸 책자입니다. 일본 경찰은 1932년 4월 29일 윤봉길 의사의 홍커우 공원 의거를 계기로 상하이 프랑스 조계를 급습했습니다. 그리고 임시 정부 인사들을 체포하고 많은 분량의 임시 정부 문서를 압수했습니다. 이때 압수한 문서를 근거로 한국 독립 운동과 관련된 내용을 연표식으로 정리해서 편집한 책이 바로 《조선 민족 운동 연감》입니다.

　　그러면 상하이 일본 총영사관 경찰부는 무엇을 근거로 '4월 13일'을 임시 정부 수립일이라고 했을까요? 임시 정부 수립일을 4월 13일이라고 서술한 《조선 민족 운동 연감》의 참고 서류는 《국련 제출 한·일 관계사료 제4권》입니다. 이 책은 임시 정부가 파리 강화 회의가 끝난 뒤 열릴 예정인 국제연맹 회의에 제출하려고 1919년 9월 편찬한 《한·일 관계 사료집》 제1~4권을 말합니다. 《한·일 관계 사료집》은 임시 정부가 일본이 왜곡한 한일 관계사를 바로잡고 국제연맹 회의에 우리 민족의 독립을 요청하기 위해 만들었습니다.

《한·일 관계 사료집》 표지

　　임시 정부는 《한·일 관계 사료집》 편찬을 위해 안창호를 총재로, 이광수를 주임으로 하여 임시 사료편찬 위원회를 설치하고, 총 8명의 위원과 23명의 도움으로 7월 2일에서 9월 23일까지 《한·일 관계 사료집》의 편찬 및 인쇄를 완료했습니다.

임시 정부 임시 사료편찬 위원회 위원

따라서 상하이 일본 총영사관 경찰부에서 편집한 《조선 민족 운동연감》의 4월 13일 항목의 출처는 《한·일 관계 사료집》 제4권이 됩니다.

그러면 《한·일 관계 사료집》을 편찬한 임시 사료편찬 위원회 사람들이 실수를 한 것일까요? 우리는 두 가지 가능성을 생각해볼 수 있습니다. 먼저 편찬자들이 임시 정부 수립 초기의 구체적 상황을 혼동했을 수 있습니다. 두 번째는 짧은 시간 안에 사료집을 편찬하는 과정 속에서 실수가 발생했을 수도 있습니다.

결국 대한민국 임시 정부 수립 당시의 정황을 사실과 달리 기술한 《한·일 관계 사료집》을 시작으로 최근까지 임시 정부 수립일을 4월 13일로 알고 있었던 것입니다.

이제 임시 정부 수립일이 4월 11일로 변경하게 된 이유를 알아보겠습니다. 올바른 임시 정부 수립 기념일을 찾기 위해서는 임시 정부가 자신들의 수립 기념일 행사를 거행했는지, 만약 기념일 행사를 거행했다면 그

날짜는 언제였는지 파악해야 할 것입니다.

임시 정부는 4월 11일에 임시 정부 수립 기념행사를 거행했습니다. 현재 남아있는 자료를 통해 1938년 제19주년 기념식, 1942년 제23주년 기념식, 1943년 제24주년 기념식, 1945년 제26주년 기념식을 4월 11일에 거행했다는 것을 확인할 수 있습니다.

임시 정부는 1938년 4월 11일에 제19주년 기념식을 후난성 창사에서 거행했습니다. 임시 정부는 1937년 12월에 일본군을 피해 창사로 이동한 상태였습니다. 이후 1938년 7월 광저우로 이전할 때까지 약 7개월간 창사에 머물렀는데 이때 기념식을 했습니다.

임시 정부는 충칭에서도 매년 4월 11일에 수립 기념식을 거행했습니다. 1942년 4월 11일 거행한 제23주년 기념식을 위해 임시 정부 주석 김구와 외무부장 조소앙은 중국 인사들에게 초청장을 보냈습니다. 그 초청장에는 4월 11일이 임시 정부 제23주년 기념일이라는 것과 4월 10일 오후 3시에 가릉빈관에서 행사를 개최하니 참석해달라는 내용이 담겨있었습니다. 또한 4월 11일 자와 4월 12일 자 중국 신문에도 임시 정부가 제23주년 기념식을 거행한 사실이 보도되었습니다. 1년 후에도 4월 11일에 수립 기념식을 거행했다는 기사가 신문에 게재되었습니다.

임시 정부는 1945년에도 4월 11일 수립 기념식을 거행했습니다. 이날은 제38차 임시 의회가 개회되는 날이어서 의회 개원식과 더불어 임시 의정원과 임시 정부 수립 기념식을 거행했습니다. 제38차 임시 의회 회의록에는 기념식을 거행한 사실이 상세히 기록되어있습니다. 기념식은 의정원 의장 홍진의 인사말과 내무부장 신익희와 주석 김구의 간략한 연설 그리고 외무부장 조소앙을 비롯하여 군무부장 김원봉과 국무위원 유림 등이 축사하는 것으로 진행되었습니다. 이처럼 임시 정부는 스스로 4월 11일에 수립 기념식을 거행했던 것입니다.

한편 임시 정부의 김병조라는 인물을 주목할 필요가 있습니다. 앞에서 언급한 《한·일 관계 사료집》 편찬에 김병조는 핵심적인 역할을 했습니다. 이후 김병조는 《한·일 관계 사료집》 편찬 과정에서 모은 자료와 경험을 바탕으로 《독립 운동사략》을 편찬했습니다.

김병조는 《독립 운동사략》에서 4월 11일에 임시 의정원에서 헌법을 제정하고 국무원을 선거하고 정부 성립을 국외에 선포했다면서 임시 정부 수립일이 4월 11일이라고 밝혔습니다. 김병조를 통해 《한·일 관계 사료집》 제4권에서 임시 정부 수립일이 4월 13일로 서술된 것은 당시 편찬자의 단순 실수일 가능성이 높다고 추정할 수 있습니다.

이처럼 우리는 임시 정부 수립일이 4월 13일이 아니라 4월 11일이라는 사실을 여러 자료를 통해 확인할 수 있었습니다. 이에 대한민국 정부에서 4월 13일을 임시 정부 수립 기념일로 정한 것은 잘못된 것이라고 공식 입장을 밝힌 것입니다. 많이 늦었지만 대한민국 임시 정부 100주년이 된 2019년부터 임시 정부 수립 기념일은 4월 11일로 바로잡혔습니다.

4장.
이동 시기 임시 정부

大韓民國 臨時政府

임시 정부 먼 길을 떠나다

임시 정부는 27년 동안 상하이에서 13년, 중국 각지를 이동하여 8년여, 충칭에서 5년 남짓이 보냅니다. 여기서는 8년여 동안 중국 각지를 이동했던 시절의 임시 정부에 대해 알아보겠습니다. 이 시기는 임시 정부 요인들뿐만 아니라 그들의 가족에게도 고통의 시간이었습니다. 교과서에는 "임시 정부가 윤봉길 의거 후 일제의 탄압이 심해지자 근거지인 상하이를 떠나 항저우로 이동했고, 1940년 충칭에 정착할 때까지 난징, 한커우, 창사 등 중국 각지를 떠돌았다."라고 서술되어있습니다.

윤봉길 의거가 성공을 거두자 일본은 큰 충격을 받았습니다. 일본은 윤봉길 의사의 즉각적인 처리는 물론 배후 인물 검거에 총력을 기울였습니다. 임시 정부 국무위원인 이유필을 배후 인물로 지목하고 그의 가택을 급습했습니다. 다행히 이유필은 피신했지만 이유필의 아들 이만영에게 생일 선물을 주기 위해 그곳에 갔던 안창호가 체포되었습니다. 이를 시작으로 일본 경찰은 헌병 등을 동원해 상하이 시내에 흩어져 있는 독립 운동가를 체포하고 일제히 수색에 나섰습니다.

김구의 성명서

김구는 피신해있으면서 체포된 가족에게 전화를 걸어 위로하기도 했지만 더 이상 한국인들이 체포되는 것을 볼 수 없었습니다. 또 사건과 관계없는 사람들이 체포되자 불만을 표출하는 상황도 벌어졌습니다. 이를 막기 위해 김구는 자신이 주모자라는 것을 세상에 공개하고자 했습니다.

윤봉길 의거가 발생한 지 열흘 남짓 지났을 때 김구는 한인애국단의 이름으로 성명서를 발표했습니다. 이를 통해 거사 내용과 윤봉길이란 인물 그리고 거사의 전말을 세상에 처음으로 발표했습니다. 사실 김구는 자신이 상하이를 빠져나간 뒤에 성명서를 발표할 계획이었지만 일본 경찰이 동포들을 억압하고 마구잡이로 잡아가는 형편이라 시일을 더 끌기가 힘들다고 판단했습니다.

거사 직후 미국인 피치 목사의 집에 피신해있던 김구는 다섯장 정도 분량의 성명서를 작성했습니다. 김구는 엄항섭에게 초안을 작성시키고, 이를 다시 피치 부인이 영문으로 번역한 뒤 윤봉길 의거 기념사진을 첨부하여 중국 신문사와 로이터 통신사에 전달했습니다. 이 성명서는 5월 9일과 10일 이틀에 걸쳐 상하이 현지 영자 신문과 중국 신문에 게재되었습니다. '虹口公園爆彈事件/眞相(The Truth of the HongkewPark)(홍커우 공원 폭탄 사건/진상)'이라는 성명서에 '계획과 수행', '윤은 어떤 사람인가?', '한인 애국단이란 무엇인가?', '나는 누구인가?'라는 작은 제목을 붙여 거사 전반에 대해 자세하게 설명했습니다.

이 글에는 일본에 맞선 김구의 확고한 의지가 드러나 있습니다. 일본은 침략 행위를 벌여 세계 평화를 위협하는 적이요, 인도와 정의를 파괴하는 세력이므로 이봉창과 윤봉길을 보냈다고 밝혔습니다. 이어서 윤봉길의 출생부터 순국까지의 생애를 기술하고, 거사를 결행한 한인 애국단의 존재와 목적을 밝혔습니다. 김구는 침략 행위를 벌이는 책임자와 침략 기관을 처단하고 파괴하겠다면서 공격 대상을 확실하게 드러냈습니다. 비록 일본군에 맞서 전쟁을 치를 군대는 없으나 책임자와 기관을 쳐부술 '인간' 무기가 있다고 밝힌 것입니다. 성명서의 말미에는 '나는 누구인가?'라는 글을 통해 1896년부터 '모험적 생애'를 살았다면서 스치다를 처단한 거사를 소개하고, '데라우치 총독 암살 계획'이라는 사건에 엮어 옥고를 치렀던 자신의 이야기도 적었습니다.

이 성명서를 계기로 김구는 계획한 목적을 달성할 수 있었습니다. 성명서 발표 이후 체포되었던 한국인들이 석방되었습니다.

몇 달 후에는 위의 성명서보다 상세하게 국한문으로 작성된 '虹口 公園爆彈案의 眞狀(홍커우 공원 폭탄안의 진상)'이라는 글을 발표했습니다. 앞머리에 "이것은 영문으로 발표된 것보다 상세한 것이오."라는 말과 함께 'K.P.P*'라고 작성자를 덧붙였습니다. 김구는 성명서 말미에 다음과 같은 글을 남겼습니다.

내 무기는 겨우 피스톨 몇 자루와 또한 적은 수의 폭탄이 있을 뿐이다. 나는 우리나라가 회복될 때까지 계속 싸워 멈추지 않을 것이다.

이 짧은 글 안에서 독립에 대한 깊은 열망이 느껴지지 않습니까? 윤봉길 의거 이후 한인 애국단의 활동은 힘들어졌지만 임시 정부는 일본과 더 큰 싸움을 준비하기 위해 상하이에서 충칭까지 기나긴 이동을 시작합니다.

기나긴 임시 정부 이동의 시작

김구와 안공근, 엄항섭 등은 일본의 무차별적인 검거로 상하이 내 상황이 악화되자 피치 목사의 도움을 받아 그의 집에서 20일

---

* **K.P.P** : Korea Patriotic Party의 약자로 한인 애국단의 영문 표기입니다.

간 지내면서 검거를 피할 수 있었습니다. 하지만 이곳도 위험해져 김구는 상하이를 떠나 작은 시골 도시인 가흥으로 피신했습니다. 김구가 가흥으로 간 이유는 한국 독립 운동을 후원하는 저보성이 있었기 때문입니다. 저보성은 일본의 만주 침략에 대항하여 싸우던 동북 의용군 후원 회장을 맡고 있는 중국의 애국 지사였습니다.

가흥에 온 김구에게 저보성이 마련해준 거처는 남북호 호숫가에 위치해 있어서 일본 경찰이나 밀정들이 들이닥치면 호수에 미리 띄워놓은 배를 이용하여 바로 피신할 수 있었고, 평시에도 배를 타고 남호와 북호를 드나들며 일본의 감시를 피할 수 있었습니다. 또한 해염·항저우·난징 등지로 왕래하기도 편했습니다.

김구는 절체절명의 순간에도 임시 정부를 지키기 위해 가흥 남호의 배 위에서 임시 의정원 회의를 열었습니다. 여기서 결원된 국무위원을 선출하여 무정부 상태의 임시 정부를 수습하고 곧이어 새로운 유지 정당으로 한국 국민당을 창당했습니다.

항저우에서 전장으로

김구가 일제의 밀정들을 따돌리는 동안 임시 정부 요인들은 항저우로 가서 임시 정부 판공처를 설치했습니다. 미처 항저우로 피신하지 못한 독립 운동가는 쑤저우, 난징, 베이징, 우시 등지에서 은신처를 찾기도 했습니다. 임시 정부가 항저우로 이동하자

가흥 시절의 임시 정부 요인

가흥의 김구 피난처

가흥 김구 피난처 내부 모습

김구가 도피할 때 사용했던 비밀 통로

김구가 도주할 때 쓰던 배

김구, 김철 외에 조소앙, 이시영, 엄항섭, 이수봉, 최석순, 안공근, 김동우, 이동우, 유진만 등도 난징 등지를 떠돌다가 임시 정부가 있는 항저우로 와서 정착했습니다.

항저우에 머물던 임시 정부는 내륙 지방인 난징 방향으로 이동하여 1935년 11월 전장으로 이전합니다. 전장은 상하이와 항저우에서 난징으로 가는 길목에 자리한 작은 도시였습니다. 임시 정부는 난징으로 본거지를 옮기고자 했습니다. 하지만 일본이 중국 정부를 외교적으로 압박하며 위협했기 때문에 임시 정부는 난징으로 이동하지 못하고 전장에 머무를 수밖에 없었습니다.

이 시기 김구는 중국 국민당의 장제스와 면담을 가졌습니다. 그동안 중국 정부는 일본의 눈치를 보느라 임시 정부에 소극적인 태도를 취했지만 한인 애국단 의거 이후 중국 정부와 중국인 모두가 임시 정부에 호의적인 태도를 가지게 되었습니다. 이에 김구는 장제스에게 강력하게 임시 정부에 대한 지원을 요청했고, 장제스는 낙양 군관 학교에서 한국인 청년을 초급 군사 간부로 양성하도록 조치해주었습니다.

1937년 7월 일본은 중·일 전쟁을 일으켰습니다. 당시 김구는 한국 국민당과 임시 정부를 어렵게 이끌고 있었습니다. 전쟁이 발발하고 한 달이 지난 후 임시 정부는 김구를 중심으로 지청천, 조소앙 등 우파 세력을 집결하고, 미주 지역 6개 단체와 연합하여 한국 광복 운동 단체 연합회(광복 연합)를 결성하여 전시 체제를 갖추었습니다.

항저우 임시 정부 청사 건물

항저우 임시 정부 청사 내부

항저우 임시 정부 청사 입구

한편 중·일 전쟁이 본격화되자 중국 정부는 11월에 충칭으로 임시 천도를 결정했습니다. 이에 맞추어 임시 정부도 중국 정부의 지원으로 배를 마련하여 난징으로 떠났습니다. 일본의 대표적인 만행인 난징 대학살*이 벌어지기 2주 전에 일어난 상황이었습니다.

끊임없이 이동하는 임시 정부

1937년 11월 18일 임시 정부는 다시 전장에서 후난성 창사로 이전하는 대장정의 길을 떠났습니다. 당시 창사는 곡물 가격이 싸고, 홍콩을 통해 국제 통신을 접하기 편리하다는 장점이 있었습니다. 그러나 일본군이 창사를 공격하자 임시 정부는 다시 창사를 떠나 광저우로 이동했습니다. 중국에게 광저우는 국민 혁명의 성지와도 같은 곳입니다. 신해혁명을 주도한 쑨원의 고향이자 중국 국민당과 호법 정부가 출범한 곳이기도 합니다. 하지만 일본군이 광저우 시내 폭격을 시작하자 임시 정부는 또 이동할 수밖에 없었습니다. 이동하는 중에도 일본군의 공격 위협에 시달렸습니다.

재차 대장정에 나선 결과 임시 정부는 1938년 10월 류저우에

---

* **난징 대학살** : 중·일 전쟁 때 난징을 점령한 일본군이 1937년 12월부터 1938년 1월에 저지른 대규모 학살 사건을 말합니다. 1946년 일본 도쿄에서 진행된 국제 전범 재판 결과 "일본군이 점령하고 처음 6주 동안 난징 및 주변에서 살해된 주민과 포로가 20만 명이 넘었다."라고 기록했을 정도였습니다.

도착하여 반년을 보낼 수 있었습니다. 이때 김구는 임시 정부와 가족들을 중국 정부의 임시 피난 수도인 충칭으로 이동하는 문제를 장제스와 교섭했습니다. 김구는 중국 정부의 허락을 받았지만 충칭에 바로 들어가지는 못했습니다.

당시 인구 20만 명에 불과한 소도시였던 충칭이 임시 피난 수도가 되자 임시 정부뿐만 아니라 중국 각지의 정부 기관과 피난민들이 모여들면서 인구가 200만 명으로 급증했기 때문입니다. 인구 급증은 심각한 물가 폭등과 주택난을 일으켰습니다. 결국 임시 정부는 바로 충칭으로 가지 못하고, 1939년 4월부터 치장에 자리 잡았습니다.

1년 6개월 동안 치장에 머물면서 임시 정부는 독립 운동 세력을 통합하고 한국 광복군 결성을 준비했습니다. 김구는 광저우에서 임시 정부와 헤어져 바로 충칭으로 이동하여 1938년 말부터 활동하고 있었습니다.

충칭에 도착한 임시 정부의 과제

임시 정부는 1940년 9월 대장정의 마지막 종착지인 충칭에 도착합니다. 1932년 5월 상하이를 떠나 충칭에 자리 잡기까지 8년여 동안 무려 3만 리를 이동했습니다. 김구를 비롯한 임시 정부 요인들은 100여 명의 대가족을 이끌고 일본군의 공습을 피해가며 오

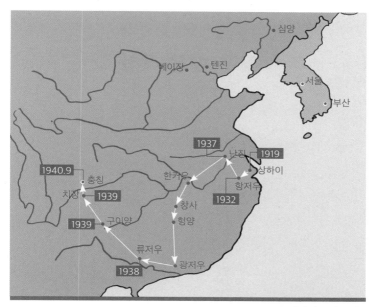

임시 정부 이동 경로

로지 독립을 위한 열망 하나로 역경을 이겨냈습니다. 역사학계에
서는 이를 '임시 정부의 이동 시기'라고 부릅니다.

1940년 충칭에 정착할 때까지 임시 정부는 항저우, 전장, 창
사, 광저우, 류저우, 치장 등 내륙으로 이동하는 멀고도 힘든 여정
을 거치면서 많은 과제에 직면했습니다. 독립 전쟁을 치를 수 있는
전시 체제 구축, 좌우 세력을 묶어야 하는 통합 정부의 추진, 임시
정부 요인과 가족들의 생명을 보호해야 하는 지원 체제 마련, 정부
를 이끌어갈 지도 체제 확립 등을 해결해야 했습니다.

김구 암살 작전

김구의 행방

윤봉길 의거 이후 임시 정부가 상하이를 떠났다는 것을 눈치 챈 일본은 추격에 나섰습니다. 일본은 김구를 잡기 위해 일본 외무성과 조선 총독부, 중국 상하이 주둔군 사령부가 각각 20만 대양씩 총 60만 대양*을 걸었습니다. 당시 김구 등을 비롯한 임시 정부 요인들은 일본 경찰보다 한국인 밀정을 더 두려워했다고 합니다. 창피스러운 일이지만 독립 운동의 가장 큰 적은 현상금에 눈이 먼 한국인들이었던 것입니다.

---

* 대양(大洋) : 중국 화폐 단위로, 60만 대양은 지금 가치로 150~200억 원에 달하는 거액입니다.

김구는 중국 촌로의 복장을 하고 '정크'라고 부르는 작은 배로 이 마을 저 마을 떠돌아다녔습니다. 일본은 윤봉길 의거 이후 곧바로 상하이 일본 총영사관 경찰부를 확충하고 특별 고등 경찰을 증원하는 등 항일 운동에 대한 감시와 탄압을 강화했습니다. 이러한 과정 속에서 밀정을 동원하여 김구 암살 공작을 은밀히 추진했습니다.

조선 총독부 상하이 파견원은 비밀리에 세 차례에 걸친 김구 암살 공작을 추진했습니다. 지금부터 교과서에는 나오지 않는 김구 암살 공작 이야기를 시작해보겠습니다.

1차 김구 암살 공작

조선 총독부 경무국은 김구를 암살하기 위해 1933년 9월 상하이에 나카노를 파견했습니다. 그는 1934년부터 1935년 1월 사이에 밀정 오대근을 통한 김구 암살 공작을 실행하고자 했습니다.

밀정 오대근은 1926년 서울에서 열린 경성 청년회 정기 총회에서 집행위원으로 선출되는 등 국내에서 청년 사회주의 운동에 참여한 인물입니다.

서울에서는 1925년에 사회주의 운동 단체인 조선 공산당이 조직되었습니다. 하지만 일본의 탄압과 검거로 수많은 사회주의 동지들이 체포되었습니다.* 이때 오대근은 검거를 피해 상하이로 피신했습니다.

오대근은 상하이에서 중국 공산당 한인 지부 집행위원으로 활동했고, 1933년 2월에는 유명무실해진 상하이 한인 반제 동맹**의 재건에 힘썼습니다. 하지만 사회주의 운동의 핵심 인물인 여운형, 구연흠, 조봉암, 홍남표 등이 잇달아 체포되자 상하이에서 사회주의 운동은 거의 궤멸 상태에 이르렀습니다. 이 시기에 오대근은 전향하여 일본의 밀정이 된 것으로 추정합니다.

한편 나카노는 또 다른 밀정인 위혜림 등을 통해 김구와 안공근의 소재를 파악하는 데 노력했습니다. 첩자 및 각 기관을 통해 김구 일파와 김원봉이 난징 근처에 있던 중국 군사위원회 간부 훈련단 제6대에서 군관 학교 생도 80명을 훈련시키고 있다는 정보를 입수했습니다. 나카노는 김구가 난징에 있다는 것을 확인하자 오대근에게 김구 암살을 지시했습니다.

1935년 1월 26일 오대근은 중국 출신 특별 공작원 2명을 데리고 난징에 도착했습니다. 그리고 난징에서 미리 대기하고 있는 공작원 5명을 인계받기 위해 보래관이라는 곳에서 일본 정보원을 만났습니다. 오대근은 정보원을 통해 대기 중인 공작원 5명의 상황과 '김구가 난징에 오지 않았다.'는 보고를 받습니다. 그날

---

* 1928년 2월 제3차 조선 공산당 사건, 그해 7월 제4차 조선 공산당 사건이 발생했습니다.
** **상하이 한인 반제 동맹** : 1931년 상하이에 거주하는 조선인들이 조직한 사회주의 단체입니다.

오후 3시 10분 오대근은 보래관을 나온 뒤 행방불명되었습니다.

밀정 오대근에게 무슨 일이 있었던 걸까요? 사실 오대근과 특별 공작원 7명은 행방불명된 것이 아니라 중국 관헌에게 발각되어 모두 처형되었습니다. 다행히 김구 측에서 먼저 암살 계획에 대한 정보를 입수했기 때문에 중국 관리들이 그들을 붙잡을 수 있었습니다. 결국 나카노가 계획한 김구 암살 공작은 실패로 끝났습니다. 이후 나카노는 1935년 2월 한반도로 돌아와 충청북도 경무부장을 지냈습니다.

그러면 김구 암살 시도는 끝이 났을까요? 아직 두 번의 암살 시도가 남아있습니다. 김구 암살 작전은 이제 나카노 후임자들의 몫이 되었습니다.

2차 암살 시도

2016년에 개봉한 영화 〈밀정〉은 황옥 경부 폭탄 사건을 배경으로 만들었습니다. 이 영화는 1920년대 일제 주요 시설을 파괴하고자 상하이에서 경성으로 폭탄을 들여오려는 의열단과 이를 쫓는 일본 경찰 사이의 암투와 회유, 교란 작전을 묘사하고 있습니다. 밀정은 독립 운동 진영의 치명적 정보를 일제에 은밀히 빼돌린 사람을 말합니다. 일제 강점기 일본 각 기관이 작성한 '정보 보고서'는 대부분 밀정의 보고를 토대로 만들어졌다고 해도 과언이 아닙니다.

이번에 살펴볼 2차 김구 암살 공작은 밀정을 역으로 이용하는 사건입니다. 1935년 2월 나카노의 후임자로 히토스키가 상하이에 파견되자 김구 암살 공작은 다시 시작되었습니다. 히토스키는 1923년 고등고시 사법과와 행정과를 동시 합격한 후 판사를 거쳐 1931년부터 경찰이 된 인물로, 당시 조선 총독부의 최고 엘리트 관료였습니다. 히토스키는 김구 주변의 정세를 파악하여 '대김구 특종 공작'을 전개했습니다. 히토스키가 전개한 김구 암살 공작 방법은 세 가지입니다.

첫 번째는 당시 중국 관내에서 김구에 대해 반감을 가진 의열단과 신한 독립당 소속 청년들을 매수 및 회유하여 김구를 암살하는 '반대파의 이용'입니다. 다행히 이 작전은 실행되지 못했습니다. 일본은 1935년 7월 의열단의 주도로 조직된 조선 민족 혁명당의 지도부가 반대파인 김구를 영입하려는 모습을 보이자 반대파를 이용하는 작전을 포기합니다.

두 번째는 김구가 주도하는 한인 애국단에서 소외된 지청천, 박찬익 등의 불만을 교묘히 조장하여 다툼을 일어나게 하는 '내부 분열의 이용'입니다. 일본은 김구와 안공근의 횡포에 불만을 가진 김동우와 오면직에게 공작을 펼쳤습니다. 하지만 다행스럽게도 임시 정부와 김동우, 오면직의 관계가 개선되어 김구 측근인 안공근에게 돌아갔고 일본은 이 작전도 포기합니다.

마지막 방법은 김구, 안공근 등과 밀접한 관계를 가지고 있는 중국 내의 무정부주의자를 통해 김구의 거처를 알아낸 후 암살하는 '무정부주의자의 이용'입니다. 일본은 앞선 두 가지 암살 공작이 실패로 끝나자 중국 내 무정부주의자를 이용하는 방법을 택할 수밖에 없었습니다.

히토스키의 전략은 치밀했습니다. 중국 내 무정부주의자 정화암, 이달 등이 의열 투쟁을 함께했던 김구와의 불화 때문에 경제적으로 곤란하다는 소문을 입수했습니다. 이에 히토스키는 전면에 나서지 않고 밀정 위혜림(본명 위수덕)으로 하여금 김구와 갈등을 빚고 있던 무정부주의 세력을 이간질해 김구를 암살시킨다는 계획을 수립했습니다. 1935년 8월 일제가 택한 무정부주의자는 정화암과 김오연이었습니다.

히토스키는 "정화암의 측근인 김오연을 체포한 후 김구의 측근인 안공근이 꾸민 짓으로 부추긴다. 이를 정화암에게 알려 복수심을 갖도록 조장하여 김구를 암살한다."는 계획을 조선 총독부에 보고했습니다. 실제로 일제는 계획대로 김오연을 체포했고, 밀정 위혜림은 정화암을 찾아가 안공근의 간계가 그 원인이라고 이간질했습니다. 이에 정화암은 위혜림을 다시 만났을 때 김구를 죽이기로 결정했으니 그 대가로 일본 총영사관이 김오연을 석방시키는 데 노력해줄 것을 제안했습니다. 그리고 김구의 소재 파악 여부와 함께 암살 공작에 필요한 공작금 300원을 요구했습니다.

2차 암살 공작의 결과는 어떻게 되었을까요? 정화암은 공작금 300원을 받은 후 이태연, 이현근을 쉬저우로 보냈으나 김구를 찾지 못하고 그냥 돌아왔습니다. 사실 정화암은 히토스키의 계략을 사전에 눈치 채고 역이용했던 것입니다. 김구 암살에 협력하는 척 하면서 돈을 뜯어내고, 히토스키의 계획을 보기 좋게 틀어지게 만든 것입니다.

그러면 밀정 위혜림은 어떻게 되었을까요? 위혜림은 암살 공작이 실패한 후에도 계속 일본 총영사관의 밀정 노릇을 했습니다. 히토스키는 위혜림도 정화암에게 역이용당한 것으로 판단하고 밀정 임무를 계속 맡겼습니다.

남목청 사건

임시 정부가 창사에 머물던 시기 3차 김구 암살 공작인 '남목청 사건'이 벌어집니다.

당시 창사에는 중국 관내의 대표 민족주의 진영인 김구의 한국 국민당, 조소앙의 한국 독립당, 지청천의 조선 혁명당이 있었습니다.

창사에 모인 3당은 민족주의 진영의 단일화를 위해 합당 문제를 논의했습니다. 그리고 1938년 5월 7일 김구 등은 3당 합당 문제를 협의하고자 창사에 있던 조선 혁명당 당사인 남목청에 모였습니다. 남목청에서 연회가 열리자 갑자기 조선 혁명당원 이운환이 돌입하여 권총을 난사했습니다. 이 공격으로 인해 김구와 유동

남목청 6호

남목청 6호의 내부 모습

열은 중상을, 지청천은 경상을 입었지만 현익철은 병원에 도착하자마자 절명했습니다. 범인 이운환은 중국 정부에 의해 긴급 체포되었고 박창세, 강창제 등도 혐의범으로 구금되었습니다. 하지만 당시 일본군에 쫓기던 중국의 사정 때문에 제대로 조사조차 하지 못하고 이들을 모두 풀어줄 수밖에 없었습니다.

일본은 남목청 사건을 합당 운동에 반대한 조선 혁명당원이 일으킨 독립 운동 세력 간 파벌 다툼이라고 했습니다. 하지만 당시 공범으로 지목된 박창세는 일제의 밀정이었습니다. "박창세는 백범의 특무대장이 되어 백범에게 쉽게 다가갈 수 있는 적당한 인물이다. 그의 아들이 조선에 돌아가기를 희망하고 있으므로 일본 총영사관과 협력해 귀국의 편의를 주고 회유의 방법으로 삼으려 한다."고 기록한 히토스키의 보고서가 있습니다.

불행히도 이런 히토스키의 계획이 실현된 것입니다. 일본은 아들의 귀국 문제로 박창세를 회유했고, 밀정이 된 박창세가 김구에 불만을 가진 이운환 등을 사주하여 김구 암살을 시도했으니까요.

실패로 돌아간 김구 암살 작전

중상을 입은 김구는 즉시 중국 창사 상아병원으로 후송되었습니다. 그런데 김구의 상태를 본 의사는 소생할 가망이 없다고 판

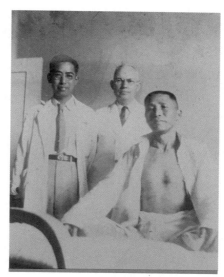

가슴에 밀정의 총탄을 맞은 김구

단하여 응급 처치도 하지 않은 채 그를 문간방에 방치해두었습니다. 심지어 김구의 장남 김인과 안중근의 동생인 안공근에게 사망 통지를 했습니다. 이 소식을 들은 김인과 안공근은 김구의 장례를 치르기 위해 창사로 급히 달려왔습니다.

　김구의 소식을 들은 후난성 주석은 본인들의 재정을 빼서 줄 것이니 돈 걱정은 하지 말고 모든 방법을 강구해서 김구를 꼭 살려내라고 재촉했습니다. 중국 국민당 장제스도 이 사건에 관심을 가지고 사람을 파견하여 오늘날 한국 돈으로 1,500만 원에 해당하는 거금을 보내 의료 비용으로 쓰라고 전달했습니다. 이러한 상황에서 김구가 병원에 실려온 지 4시간이 지나도 살아있자 의사들은 응급 치료를 시작했습니다. 이때 당시에 귀했던 페니실린이라는 약을 사용했다고 전해집니다.

다행히 며칠이 지난 후 김구는 깨어났습니다. 그때 김구의 첫마디는 "내가 왜 여기 있나요?"였다고 합니다. 진짜 이유를 알면 상처받을까 봐 의사는 "너무 술을 많이 드셔서 넘어져서 상처를 입으신 겁니다."라고 말했다고 합니다. 김구는 회복 초창기에는 진짜 그런 줄 알았지만 점차 정신이 돌아오면서 기억을 되찾았습니다. 당시 소련(현 러시아)의 영사관이 제일 안전하다고 판단한 김구는 퇴원 후 소련 영사관 옆에서 요양을 했다고 합니다.

밀정을 통해 전개된 세 차례의 김구 암살 공작은 모두 실패로 끝났습니다. 김구는 암살 위협을 이겨내고, 1945년 8월 15일 광복이 될 때까지 임시 정부를 이끌었습니다.

우리는 세 차례의 김구 암살 공작을 통해 일본이 밀정을 투입하여 중국 관내 독립 운동에 관한 정보를 입수하고, 독립 운동 단체 내부의 분열과 다툼을 조장하는 비열한 공작을 펼쳤다는 것을 알 수 있었습니다. 김구 암살 공작에서 만난 오대근, 위혜림, 박창세 3명의 밀정은 일본이 강제로 우리의 국권을 피탈한 후 고용한 밀정의 수에 비하면 극소수에 불과합니다. 이러한 밀정이 독립 운동에 미친 폐단은 이루 말로 다 못 할 정도였습니다.

한인 특별반,
임시 정부의 원동력이 되다

교과서에는 이동 시기의 임시 정부에 대해 간단하게 설명되어있지만 "중국의 지원 아래 1933년 중앙 육군 군관 학교 낙양 분교에 한인 특별반이 설치되어 간부를 양성하고, 운영을 위해 만주에서 무장 투쟁을 전개하던 한국 독립군 총사령관 지청천 등이 교관으로 초빙되었다."는 내용은 반드시 언급되어있습니다.

윤봉길 의거는 임시 정부가 13년간 머물렀던 상하이를 떠나게 만들었지만 침체 상황에 있던 독립 운동이 활성화되는 계기가 되었습니다. 윤봉길 의거를 계기로 중국 국민당의 장제스는 한국인의 독립 투쟁 역량을 새롭게 인식하고 김구에게 면회를 요청했습니다. 은신하고 있던 김구는 1933년 5월 안공근과 엄항섭을 대동하고 난징으로 가서 중앙 육군 군관 학교 구내에 있는 장제스를

만났습니다. 이때 김구와 장제스는 낙양 군관 학교 내에 한인 특별
반을 설치하기로 합의했습니다.

중국의 속셈

여기서 한 가지 간과해서는 안 될 사실이 있습니다. 윤봉길 의
거가 분명히 중국 정부의 적극적인 지원을 얻는 데 큰 기여를 한
것은 맞지만 오로지 그 이유만으로 중국 정부가 임시 정부를 도와
주었을까요? '세상에 공짜는 없다'라는 말이 있습니다. 그들은 임
시 정부 지원을 놓고 계산기를 두드렸고, 결과는 다음과 같습니다.

중국 정부는 일본의 침략에 맞서 한국인의 항일 투쟁 역량을
높이 평가했고, 이를 중국의 항일 전쟁 역량으로 활용하고자 했습
니다. 이를 위해 중국 정부는 항일 전쟁의 효율성을 높이는 방안으
로 한국인의 독립 운동을 적극 지원한다는 방침을 정하고, 국민 혁
명군 등 각 방면에 많은 한국인을 수용했습니다. 이들을 일본군 및
일본 기관에 침투시켜 정보 수집과 파괴 공작을 전개시키고자 했
습니다. 사실 이러한 의도로 중국 정부는 한인 특별반을 운영하면
서 재정적, 군사적 지원을 아끼지 않았던 것입니다.

중앙 육군 군관 학교 낙양 분교 내에 독립 운동가 양성을 위해
설립된 한인 특별반의 정식 명칭은 '중국 중앙 육군 군관 학교 낙
양 분교 제2총대 제4대대 육군 군관 훈련반 제17대'입니다. 1934년

중국 중앙 육군 군관 학교 입학생

2월에 상하이·난징·베이징·톈진 등 여러 지역에서 모집한 한국인 청년 99명이 한인 특별반에 입학했습니다. 교육 목표는 일본 제국주의의 속박으로부터 벗어나 완전한 독립 국가를 건설하기 위해 노동자·농민을 지휘할 수 있는 독립 운동 간부를 양성하는 것이었습니다. 입교생의 사명은 일제의 대륙 침략 전쟁이 세계대전으로 발전할 때 일본 본토와 동아시아 대륙의 교량 역할을 하는 것입니다. 즉 한국 및 남만주 지역의 일본군 군사 시설을 파괴하고, 침략 원흉을 제거하며, 노동자·농민 대중의 지휘 및 중국군과의 연합을 통해 한국의 독립을 쟁취하는 것이었습니다.

한인 특별반

이쯤 되면 한인 특별반에 입교한 한국인 청년들의 나이, 교관,

교육 내용 등이 궁금할 것입니다.

먼저 입교생의 연령은 18~35세로 제한했고 학력 수준을 불문하고 신체 검사를 거쳐 입교시켰습니다. 중국은 입교생인 한국인 청년들을 중국 학생으로 취급하여 피복 등 군수품을 무상으로 보급하고 매월 일정액의 급여도 지급했습니다. 입교생들은 비밀 유지를 위해 엄격히 관리되었고 휴가와 외출도 통제되었습니다.

학교 운영은 김구가 고문 자격으로 총괄하고 안공근, 안경근, 노종균 등이 관장했습니다. 입교생 훈련은 총교도관 지청천과 교관 오광선, 이범석, 조경한, 윤경천, 한헌 등이 담당했고 이범석은 학생대장을 겸했습니다. 교육 기간은 1년으로 그리 길지는 않았습니다.

그런데 교육 내용에서 임시 정부와 중국의 방향이 달랐습니다. 임시 정부는 입교생을 중국식으로 교육하자 크게 반발했습니다. 임시 정부는 중국이 경비와 교육을 할 수 있는 공간만 제공해주면 한국인 교관이 우리 실정에 맞는 정치 훈련과 군사 훈련을 하기를 원했습니다. 논의 끝에 입교생의 정치 훈련과 군사 훈련은 한국인 교관이 담당하고, 경영은 중국 측에서 담당하는 것으로 합의했습니다.

지도 방침은 민족 정신을 고취하는 정치 훈련과 40퍼센트, 내무과 10퍼센트, 전술과 30퍼센트, 학과 20퍼센트 비율로 배정해 정신 교육과 전술 교육 향상에 치중했습니다. 구체적인 교과목은 조선 혁명에 관한 훈화, 사회학, 세계 경제, 특무 공작, 경제학, 보병조전(步兵操典) 및 소총·기관총 조립법과 정치학, 실과 교련 등이 있었습니다.

그런데 당초 계획과는 달리 1935년 4월 1기생 62명의 졸업생을 배출시킨 뒤 한인 특별반은 문을 닫았습니다. 일본의 방해 공작 때문이었습니다.

무장 투쟁 독립 운동의 디딤돌

일본은 한인 특별반의 개설 사실을 탐지하자마자 중국 국민당 정부에게 한인 특별반의 폐쇄와 한국 독립 운동에 대한 지원 중지를 요구했습니다. 일본이 한인 특별반의 개설을 도전 행위로 간주하고 단호하게 대응하겠다고 협박하자 중국 국민당 정부는 일본과의 국제적 분쟁을 우려하여 한인 특별반을 폐쇄할 수밖에 없었습니다. 한인 특별반은 폐쇄되었지만 입교생들은 임시 정부 더 나아가 독립 운동에 새로운 에너지를 주었습니다.

1기 졸업생들은 다양한 임무에 참여했습니다. 중국군 장교가 되어 만주 지역에서 항일 운동을 펼치거나 만주에 비밀리에 파견되어 일본군과 만주국의 군사 시설 및 정치 기구를 정찰하고, 한인 사회를 대상으로 군관 학교 입교생을 모집하기도 했습니다. 국내에 파견된 졸업생도 있었습니다. 이들의 임무 또한 만주에서 활동하는 이들과 크게 다르지 않았습니다.

이처럼 임시 정부는 졸업생들을 상하이·만주·국내·일본 등
각지에 파견하여 국내외 여론을 조사 보고하고, 일본의 중국 침략
을 방해 저지 및 공작 전개하도록 했습니다. 또한 국내에 잠입하
여 작전 정보를 수집하고 그 정보를 송달하는 등 특수 공작을 담
당하도록 했습니다. 그래서 중국과 만주에서 항일 무장 투쟁에 앞
장섰던 독립군 지도자의 대부분은 낙양 군관 학교의 교관이나 장
교 후보생으로 훈련을 받았던 인물이었습니다.

낙양 군관 학교 한인 특별반은 우리 독립 운동사에서 중요한
의의를 가지고 있습니다. 한인 특별반은 짧은 기간 운영되었지만
배출된 졸업생들은 1930년대 후반부터 광복 전까지 활발한 무장
투쟁을 했던 조선 의용대와 한국 광복군의 주요 구성원이 되어 중
국 관내에서 독립 운동을 주도했습니다. 조선 의용대와 한국 광복
군은 우리 독립 운동 역사에서 절대 빼놓을 수 없는 조직입니다.

大韓民國 臨時政府

5장.
충칭 임시 정부

항일 투쟁 세력 충칭에 모이다

여러분의 인생에서 전성기는 언제인가요? 저는 장교로 군 생활을 하던 시절인 것 같습니다. 힘들기도 했지만 2년 4개월 동안 수천 명의 병사들과 함께 동고동락하고, 장교 선후배들과 형제처럼 지내면서 부대 내 파견 업무나 대외 업무에서도 인정을 받아 표창장도 많이 받았습니다. '조국에 충성하고 국민을 사랑하는 장교가 되겠다'며 군 복무를 연장했다면 지금보다 행복한 삶을 살았을까요? 만약 그랬다면 이렇게 임시 정부 이야기로 여러분과 만날 일은 없었을 것 같습니다.

그러면 27년간 활동했던 임시 정부의 전성기는 언제였을까요? 바로 1940년 9월 충칭에 정착하여 1945년 11월 환국할 때까지였습니다. 비록 5년이라는 짧은 기간이었지만 임시 정부는 이

시기에 가장 활발하게 독립 운동을 전개했습니다. 긴 망명 투쟁을
이어간 임시 정부는 마침내 충칭에서 전성기를 맞이한 것입니다.

충칭 임시 정부의 첫 임무

충칭에 정착한 임시 정부는 가장 먼저 무슨 일을 했을까요?
교과서에는 "1940년 대한민국 임시 정부는 중국 정부의 주선으로
충칭에 정착하여 전열을 정비했고, 한국 독립당, 한국 국민당, 조
선 혁명당을 통합하여 김구를 위원장으로 하는 한국 독립당을 결
성했다."고 서술되어있습니다.

그리고 "충칭에 자리 잡은 임시 정부는 헌법 개정을 통해 국
무위원제를 주석제로 바꾸고, 김구 주석 중심의 단일 지도 체제
를 마련했다."라고 언급되어있습니다. 교과서 내용만으로는 충
칭에 정착한 임시 정부의 활동을 파악하기가 충분치 않습니다.

김구와 이동녕은 1930년대 중반부터 시작된 임시 정부의 시
련을 수습하고자 한국 국민당을 결성했고, 이를 기반으로 무정부
상태를 극복했습니다. 임시 정부는 충칭에 정착하면서 가장 먼저
세력 기반을 확대하고자 했고 그 결과 한국 독립당이 창당되었습
니다.

충칭 임시 정부의 현재 모습

충칭 임시 정부 내부 계단

한국 독립당

한국 독립당은 김구가 주도한 한국 국민당, 조소앙의 한국 독립당, 지청천·최동오가 주도한 조선 혁명당이 통합된 것입니다. 다행히 3당은 민족주의 세력으로 정치적 이념이나 독립 운동 노선에 별다른 차이가 없었기 때문에 큰 잡음 없이 통합되었습니다. 한국 독립당은 3·1운동 정신을 계승한 민족 운동의 중심이 되는 대표당이라는 사실을 널리 알렸습니다.

교과서에는 간단하게 "한국 독립당이 창당되었다."라고 서술되어있지만 한국 독립당의 창당은 큰 의미가 있습니다. 분산적으로 활동하던 민족주의 세력이 하나의 조직체로 통일을 이루는 계기가 되었고, 1930년대 중반 이래 한국 국민당을 기초 세력으로 유지·운영되었던 임시 정부가 한국 독립당과 조선 혁명당 세력을 결집시켜 더 확대된 세력 기반을 가지게 된 것이기 때문입니다. 이에 따라 임시 정부는 무정부 상태의 위기를 완전히 극복했고 충칭에서 새롭게 독립 운동을 전개할 수 있었습니다.

충칭 임시 정부의 조직 개편

충칭 임시 정부는 조직 확대 및 정비, 단일 지도 체제 확립을 추진했습니다. 조직의 확대 정비는 임시 의정원 회의를 통해 이루

한국 독립당의 중앙 집감위원들

충칭 임시 정부 요인들

어졌습니다. 이 회의를 통해 임시 의정원 의원을 확충하고 국무위원의 수를 확대하기로 결정했습니다. 그 결과 18명의 임시 의정원 의원과 4명의 국무위원을 새롭게 선출했습니다. 조직 확대 및 정비를 마친 임시 정부는 헌법을 개정하여 주석을 중심으로 한 단일 지도 체제를 확립했습니다.

1927년 이래 임시 정부의 지도 체제는 국무위원회제였습니다. 국무위원회제는 행정 수반이 없는 일종의 집단 지도 체제였습니다. 국무 회의에서 선출하는 주석이 있었으나 이때의 주석은 국무위원들이 교대하여 맡는 회의 주관자에 불과했습니다. 그래서 주석은 강력한 지도력을 발휘하기가 어려웠습니다. 이에 헌법 개정을 통해 집단 지도 체제를 단일 지도 체제로 바꾼 것입니다.

김구 주석 체제

단일 지도 체제로의 헌법 개정은 당시 국제 정세와도 밀접한 관련이 있습니다. 1937년에 발발한 중·일 전쟁은 중국 대륙 각지로 확대되었고, 1939년 유럽에서는 2차 세계대전이 일어났습니다. 이러한 국제 정세 속에서 임시 정부도 전시 태세로 돌입하여 군대를 창설하고 군사 활동을 전개하기 위한 강력한 지도 체제가 필요했습니다.

헌법 개정과 함께 임시 의정원에서는 김구를 주석으로 선출했습니다. 주석은 임시 정부를 대표하며, 국군 통수권을 행사하는 행정 수반으로 국가 원수와 지위가 같고, 정부의 행정권을 장악하여 강력한 지도력을 행사하도록 했습니다.

김구가 주석으로 선출된 이유는 1930년대 중반 임시 정부의 무정부 상태를 수습하고 유지하는 데 핵심적인 역할을 했기 때문입니다. 조직 확대 및 정비 과정에서 김구는 한국 독립당의 중앙 집행위원장, 행정부의 주석, 한국 광복군의 통수권자가 되었습니다. 당·정·군을 장악한 최고의 실권자가 된 것입니다. 이로써 임시 정부는 김구를 대표 지도자로 하는 충칭 시대를 맞이하게 됩니다.

한국 광복군이 창설되다

임시 정부의 오랜 꿈, 독자적인 군대 조직

여러분의 꿈은 무엇인가요? 저의 학습게시판에는 "저는 꿈이 없는데 어떻게 해야 하나요? 쌤은 언제 선생님이 되겠다는 꿈을 꾸었나요?"라는 질문이 많이 올라옵니다. 저는 학창 시절 인터넷 강의를 통해 스타 강사들을 만났습니다. 자신이 알고 있는 지식을 학교라는 한정된 공간에서 학생들에게 전해주는 것이 아니라 전국에 있는 불특정 다수의 학생들에게 전달한다는 것은 저의 심장을 뛰게 만들었습니다. 그렇게 강사의 꿈을 갖게 되었지만 주변 반응은 그저 비웃음뿐이었습니다. 친구뿐만 아니라 부모님도 상경대에 가서 나중에 취업이나 잘하라고 했답니다.

상하이 임시 정부가 수립되고 조국 독립을 목표로 내세웠을 때 일본과 수많은 친일파들은 비웃지 않았을까요? 그런 취급을 받았던 임시 정부의 오랜 꿈은 무엇이었을까요? 바로 우리 군대를 조직하여 일본과 싸우는 것이었습니다. 그러나 남의 나라에서 독자적인 군대를 갖는 것은 쉬운 일이 아니었습니다. 낙양 군관 학교 한인 특별반 등 중국 군대에서 뼈아픈 한계를 경험하기도 했습니다. 그러나 중·일 전쟁이 발발하면서 상황이 바뀌었습니다. 중국 정부는 파죽지세로 침략해오는 일본군에 대항하기 위해 임시 정부가 군대를 창설하는 것이 나쁘지 않다고 판단했습니다.

또한 윤봉길 의거, 김구의 임시 정부 주석 취임, 중국 정부의 김구에 대한 높은 신뢰 등도 영향을 끼쳤습니다. 임시 정부 내부에서도 군무부 산하에 만주 독립군 출신을 중심으로 군사위원회를 설치하여 전시 태세를 갖추자는 의견이 나왔습니다. 이러한 군사 활동 계획이 광복군 창설로 이어졌습니다.

한국 광복군 창설

김구는 중국 정부 요인들을 만나 다음과 같이 한국 광복군 창설의 필요성을 설명했습니다.

한국 광복군을 편성하면 대일전을 수행하고, 일본군에 있는 한

한국 광복군 총사령부

국 출신 사병들을 빼내어 적군의 힘을 약화시킬 수 있다. (……)
중국의 화북 지역을 안정시키려면 먼저 동북 지역을 수복해
야 하고, 동북 지역을 수복하려면 한국 독립을 원조해야 한다.

　　김구의 노력으로 1940년 5월에 제출한 '한국 광복군 편간 계
획 대강'을 장제스가 승인했습니다. 그러나 중국 정부는 중국 군
사위원회에 한국 광복군을 예속시킬 것을 조건으로 달았습니다.
이때 김구는 임시 정부가 한국 광복군의 독립성과 자주권을 갖지
못한다면 차라리 군대를 창설하지 않겠다는 단호한 태도를 보였
고, 실제로도 임시 정부는 자력으로 광복군 창설을 추진했습니다.
중국 정부와 사전협의 없이 우선 광복군을 조직한 후 중국 측의
승인과 협조는 나중에 교섭한다는 생각이었습니다.

한국 광복군의 부대 편성 방안은 다음과 같습니다. 임시 정부에서 활동하고 있는 만주 독립군 출신 군사 간부들과 중국의 군관학교를 졸업한 후 중국군에서 복무하고 있는 한국인 청년들을 소집하여 총사령부를 구성하고 이를 기반으로 1년 이내에 3개 사단을 편성한다는 것입니다.

1940년 9월 15일 임시 정부는 중국 측과 사전협의 없이 전격적으로 한국 광복군 선언문을 발표했고, 9월 17일에는 한국 광복군 총사령부 성립 전례식을 거행하여 한국 광복군 창설을 국내외에 선포했습니다. 한국 광복군 총사령부의 간부 명단은 다음과 같습니다.

총사령	지청천	정제처장	조소앙	제1대대장	이준식
참모장	이범석	군법처장	홍진	제2대대장	김학규
참모처장	채군선	관리처장	김기원	제3대대장	공진원
부관처장	황학수	군의처장	유진동	제4대대장	김동산

한국 광복군 조직 체계

한국 광복군이 처음 창설되었을 때는 지휘부인 총사령부만 편성되었습니다. 이후 초모 활동을 통해 병력을 모집하면서 부대 편제를 갖추어나갔습니다.

한국 광복군 대회사를 하는 김구

한국 광복군 총사령부 성립 전례식

1940년 11월 총사령부가 시안으로 이동한 직후에 한국 광복군 제1·제2·제3지대가 편성되었습니다. 1941년에는 무정부주의 계열 청년들이 주도하고 있던 한국 청년 전지 공작대가 한국 광복군에 편입되었고, 이를 바탕으로 제5지대를 편성했습니다. 이로써 한국 광복군은 창설된 지 불과 석 달여 만에 모두 4개 지대를 편성했습니다. 이러한 지대 편제는 1942년에 전면적으로 개편되었습니다.

1942년 3월 1일 4개 지대 중 가장 많은 병력을 가지고 있던 제5지대에서 지대장 나월환이 암살되는 사건이 발생했습니다. 핵심 간부 20여 명이 연루된 이 사건으로 인해 제5지대는 혼란 상태에 빠졌습니다. 이 시기에 김원봉이 주도하여 중국 관내에서 최초로 결성된 한국인 무장 부대인 조선 의용대가 한국 광복군에 편입되었습니다.

이 두 사건을 계기로 4개 지대는 모두 해체되었고 한국 광복군은 새롭게 3개 지대로 재편성되었습니다. 제1지대는 조선 의용대 대원들이 주축이 되었습니다. 제1지대 대원 수는 정확히 파악하기는 어렵지만 대략 90여 명 정도로 추정하고 있습니다. 조선 의용대 대장이었던 김원봉은 지대장이 되었고, 본부는 충칭에 있었습니다.

제2지대는 종전의 제1·제2·제5지대 대원들이 주축이 되었습니다. 나월환 암살 사건으로 인한 동요를 수습하기 위해 새로이 편성된 제2지대의 인원은 대략 250여 명 정도로 추정하고 있습니다.

마지막 제3지대는 병력 모집을 담당하는 부서인 제6분처가 자체적으로 발전하여 성립된 지대입니다. 1944년에 접어들면서 많은 징병·학도병들이 일본군 소속으로 중국 전선에 투입되었습니다. 이때 일본군에서 탈출한 한국인 병사들이 양쯔강 하류의 안휘성 푸양 일대에서 병력 모집을 담당하는 제6분처로 합류했습니다. 이후 인원이 크게 증가하자 아예 제3지대로 따로 편성한 것입니다. 제3지대의 인원은 대략 180여 명 정도로 추정하고 있습니다.

이로써 한국 광복군은 1942년에 편성된 제1·2지대와 1945년에 편성된 제3지대로 정립되었습니다. 한국 광복군은 지휘부인 총사령부와 3개 지대의 부대 편제를 갖춘 군사 조직이 되었고 이러한 부대 편제는 해방 때까지 그대로 지속되었습니다.

한국 광복군의 주된 활동

온갖 고난 끝에 창설된 한국 광복군이 가장 심혈을 기울인 활동은 군사 작전입니다. 한국 광복군은 1940년 9월 임시 정부의 국군으로 창군되어 1946년 5월 국내로 환국하기까지 5년 8개월 동안 중국 대륙을 중심으로 활동했습니다. 한국 광복군의 주된 활동은 병력 모집과 교육 훈련·선전 활동 그리고 연합국 지원과 공동 작전 수행이었습니다.

임시 정부가 한국 광복군을 편성한 궁극적 목적은 무엇이었

한국 광복군 제1지대 대원들

한국 광복군 제2지대 대원들

한국 광복군 제3지대 대원들

을까요? 바로 미국, 영국, 중국 등과 함께 2차 세계대전에 연합국의 일원으로 참전하여 일본을 상대로 전쟁을 벌여 승리함으로써 당당한 전승국의 자격으로 조국 독립을 쟁취하는 것이었습니다. 즉 대일 전쟁을 전개하여 전후에 교전 단체와 참전국의 지위를 획득한다는 전략을 추구했습니다. 이러한 목적을 달성하기 위해 안팎의 여러 가지 제약 조건을 무릅쓰고 다양한 군사 활동을 전개했습니다.

한국 광복군의 초모 활동

군대의 무기가 아무리 좋아도, 군대의 조직이 아무리 잘 갖춰져 있어도 군인이 없다면 아무 쓸모가 없습니다. 병력 없는 군대는 허울뿐으로 무기력할 수밖에 없습니다. 한국 광복군의 최대 과제는 병력을 확보하는 일이었습니다. 1940년 9월 임시 정부는 한국 광복군 총사령부를 최전방 지역인 시안으로 이전하면서 본격적인 초모* 활동을 전개했습니다.

한국 광복군은 체계적인 초모 활동을 위해 병력 모집 기구를 설치했습니다. 군무부 산하에 징모처 5개를 두고, 제1분처는 다퉁, 제2분처는 바오터우, 제3분처는 상라오, 제5분처는 시안, 제6분처

---

* **초모** : 의병이나 군대에 지망하는 사람을 모집한다는 의미입니다.

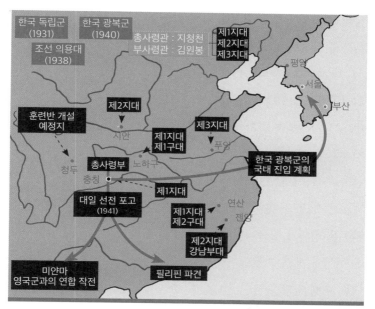

한국 독립군
(1931)

한국 광복군
(1940)

조선 의용대
(1938)

총사령관 : 지청천
부사령관 : 김원봉

제1지대
제2지대
제3지대

평양

서울

부산

훈련반 개설
예정지

제2지대

시안

제3지대

제1지대
제1구대

루양

청두

총사령부

노하구

충칭

한국 광복군의
국내 진입 계획

대일 선전 포고
(1941)

제1지대

제1지대
제2구대

연산

전양

제2지대
강남부대

미얀마
영국군과의 연합 작전

필리핀 파견

한국 광복군의 지대 편성과 활동

는 푸양에 설치했습니다.

초모 활동의 대상은 만주 지역에 있는 한국인 청년을 비롯해 중국 관내 일본군 점령 지역에 이주해있는 한국인 청년들과 일본군으로 끌려나온 한국인 장병들이었습니다.

초모 활동을 위해 공작 대원들은 일본군 점령 지역에 들어가 거점을 마련하고, 이를 기반으로 그곳에 이주한 한국인 청년들을 유인 포섭하여 한국 광복군 활동 지역으로 데리고 나왔습니다. 초모 활동은 일종의 적후 공작이자 비밀 지하 공작이었습니다. 이 과정에서 밀정의 함정에 걸려 거점이 탄로나거나 공작 대원들이 일본군에 체포되어 희생되는 경우도 있었습니다.

초모 활동은 위험이 도사렸지만 많은 병력을 모집할 수 있는 최고의 방법이었습니다. 이밖에 일본군으로 끌려나왔던 한국인 장병들이 스스로 탈출하여 한국 광복군을 찾아오기도 했으며, 임시 정부가 중국군에 투항하거나 포로가 된 한국인 장병을 인계받아 한국 광복군으로 편입시킨 경우도 많았습니다.

특히 중국 관내 한국인 청년들에 대한 한국 광복군의 초모 활동은 성과가 컸습니다. 1944년에 학도병으로 중국 전선에 끌려온 한국인 청년 수십 명이 한국 광복군 진영으로 탈출했고, 1945년에는 수백 명의 한국인 청년들이 한국 광복군 대열에 합류했습니다. 그 결과 당초 100여 명으로 출범한 한국 광복군은 1945년 8월 1,000여 명으로 확대되었습니다. 이를 기초로 한국 광복군은 총사령부와 3개 지대를 근간으로 한 군사 조직으로 발전했습니다.

한국 광복군의 선전 활동

한국 광복군은 국내외 동포들의 대일 항전 참여와 지원을 촉구하고, 국제 사회 호응과 협조를 이끌어내기 위한 목적으로 선전 활동을 전개했습니다. 선전 활동은 한국 광복군 총사령부 정훈처의 선전과가 맡았습니다.

한국 광복군 총사령부 정훈처가 발행한 〈광복〉

한국 광복군은 창설 직후인 1940년 11월부터 라디오 방송을
통해 선전 활동을 벌였습니다. 한국 광복군 총사령부 부사령관
김원봉이 한국 광복군 참여를 독려하는 방송을 했고, 1944년 4월
2일에는 정규 방송으로 편성했습니다. 한국어 방송은 매주 월수
금 주 3회 오후 9시 50분부터 10분간 이어졌다고 합니다.

1941년 2월부터는 국한문본과 중국어본으로 기관지 〈광복光復〉
을 발행하여 한·중 연대 투쟁을 강조하고 항일 의식을 고취시켰습
니다. 이와 함께 중국 전선에 나와 있는 일본군의 사기 저하를 목
적으로 반전 사상을 유포하고, 일본군의 만행을 폭로하여 패전 사
실을 널리 알리는 것 등의 대적 선전 활동을 병행했습니다.

한국 광복군을 넘보는 중국의 속셈

중국 정부는 한국 광복군을 통제하고 싶어 했습니다. 1941년 10월 30일 중국 군사위원회는 한국 광복군의 활동을 규제하는 '한국 광복군 행동 준승 9개항'을 요구했고 한국 광복군을 중국 군사위원회 판공청에 배속시켰습니다. 이로써 한국 광복군의 통수권과 작전 지휘권 등은 중국 군사위원회로 넘어가게 되었습니다.

한국 광복군 행동 준승 9개항에 대해 서술하고 있는 교과서는 찾아보기 힘듭니다. 몇몇 교과서에만 "초기 한국 광복군은 중국 국민당의 군사 원조를 받아 군대 면모를 갖추었고, '한국 광복군 행동 준승 9개항'에 의해 중국 군사위원회의 간섭을 받았다."라고 서술되어있습니다. 그리고 "1944년부터 대한민국 임시 정부가 한국 광복군의 지휘권을 가지면서 독자적인 군사 활동을 할 수 있게 되었다."까지 설명하고 있습니다.

그러면 한국 광복군 행동 준승 9개항에 대해 자세히 알아보겠습니다. 중국은 한국 광복군 행동 준승 9개항을 빌미로 많은 중국 측 인물을 한국 광복군에 파견하여 활동을 직접 간섭하고 통제했습니다. 한국 광복군 행동 준승 9개항의 주요 내용은 한국 광복군을 중국 군사위원회에 예속시키고 군사위원회와 그 예하 지휘관들의 지휘를 받는다는 것입니다. 그리고 한국 광복군의 활동 범위를 한국인 병사들을 흡수할 수 있는 일본군 점령지로 한정했습니다. 중국인에 대한 모집이나 선전 활동은 독자적으로 할 수 없으며 필요한 경우 중국 군사위원회에서 파견한 담당자가 해당 업무를 맡도록 했습니다. 또한 한국 광복군이 한반도 국경 내로 진입한 경우에도 계속해서 중국의 지원을 받도록 했습니다. 이는 중국 국민당 정부가 한국 광복군을 외국인 지원군으로 규정하고 중국 군사위원회 밑으로 예속하여 장악하려는 의도를 보여준 것입니다. 이에 임시 정부는 한국 광복군 행동 준승 9개항의 철폐를 끊임없이 요구했습니다.

1943년 7월에는 김구를 비롯한 임시 정부 지도자들이 장제스와의 면담을 통하여 한국 광복군 행동 준승 9개항에 대한 철폐를 요구했지만 받아들여지지 않았습니다. 장제스의 기본적인 입장은 한국 광복군을 임시 정부 휘하에 둘 수 없으며 중국 군사위원회에서 한국 광복군을 통솔해야 한다는 것이었습니다.

중국의 간섭에서 벗어난 한국 광복군

그러던 중 확고하던 장제스의 입장에 변화가 생겼습니다. 정확한 배경은 알 수 없으나 장제스가 한국 광복군 행동 준승 9개항의 수정 문제를 긍정적으로 검토하면서 양측의 협상은 급속도로 진행되었습니다. 몇 년에 걸친 중국 국민당 정부와의 힘든 협상 끝에 마침내 1944년 8월 한국 광복군 행동 준승 9개항은 철폐되었습니다. 1945년 5월 초 한국 광복군이 임시 정부의 군대임을 명문화

한 새로운 협정이 체결되었습니다.

이로써 한국 광복군은 3년간의 중국 군사위원회의 예속과 통제에서 벗어나 정식으로 임시 정부의 지휘 아래로 들어갔습니다. 이때부터 한국 광복군에 대한 중국 국민당 정부의 지원도 명분상 평등한 국가 간의 차관이라는 형태를 갖게 되었습니다.

일본을 상대로 한
결사 항전

임시 정부의 최종 목표

어떤 선택을 할 때 확신이라는 것을 느낀 적이 있나요? 국민 MC 유재석이 어느 토크쇼에 나와서 한 말을 듣고 깜짝 놀란 적이 있습니다. 그는 처음 개그맨으로 데뷔했을 때 곧바로 대한민국 개그계를 씹어먹을 줄 알았답니다. 지금 생각하면 부끄럽지만 저 또한 처음 EBS 한국사 강사로 데뷔했을 때 우리나라 학원계를 통째로 흔들어버릴 줄 알았습니다. 어느덧 EBS, 이투스 등 인터넷 강의를 한 지 10년이 넘었지만요. 여러분도 어떤 일을 시작할 때 성공에 대한 확신을 가진 적 있지 않나요?

상하이 시기에서 충칭 시기까지 임시 정부의 최종 목표는 오로지 조국 독립이었습니다. 아마 독립 운동가들도 일본에게 국권을 피탈당하고 무려 35년간이나 식민 지배를 받게 될 것이라고는 생각하지 않았을 것입니다. 분명히 곧 독립을 할 수 있다는 확신을 갖고 항일 운동에 임했을 것입니다.

일본 패망의 징조

승승장구하던 일본 제국주의도 시간이 흘러감에 따라 패망의 기운이 보이기 시작했습니다. 그 시작은 1941년 12월 8일 일본이 진주만을 기습하면서 시작된 태평양 전쟁이었습니다. 전쟁이 발발하자 임시 정부는 신속하게 일본에게 선전 포고 성명서를 발표했습니다.

이날 임시 정부의 주석 김구, 외무부장 조소앙은 대일 선전 포고 성명서에 도장을 찍었습니다. 교과서에는 "1941년 일제가 태평양 전쟁을 일으키자 대한민국 임시 정부는 대일 선전 포고문을 발표하면서 독립 전쟁을 전개했다."라고 간략하게 쓰여있습니다. 대일 선전 포고문을 사료 형태로 실어놓은 교과서도 있지만 그것만으로는 진정한 의의를 알기 어렵습니다. 대일 선전 포고문은 전 세계에 대한민국의 존재와 자주 독립의 의지를 알림과 동시에 연합군의 일원으로 전투에 참여하겠다는 뜻을 보여준 것입니다.

대일 선전 포고문

대일 선전 포고문은 한국 독립 운동사에서 중요한 의미를 지니고 있습니다. 우리는 1905년 전후부터 일본 제국주의를 한반도에서 쫓아내기 위해 수없이 노력해왔습니다. 의병들이 선전 포고를 하고 항일 무장 투쟁을 전개했했으며, 3·1운동 직후부터 전개된 봉오동 전투, 청산리 전투 등 독립군의 전투 활동과 한국 광복군의 활동은 이미 일본에게 선전 포고를 하고 전투 행위를 한 것과 다름없습니다.

그런데도 1941년 12월 10일 일본에 선전 포고를 성명한 것은 외교적인 성격을 띠고 있습니다. 그저 이름만 갖춘 임시 정부가 아니라 무력을 갖춘 임시 정부임을 선언하고, 일본을 상대로 연합국의 일원이 되어 싸울 각오가 되어있음을 알린 것입니다.

한국 민족을 대표하여 '대한민국 임시 정부'라는 주체가 일본 등을 추축국으로 묶어 적으로 선언하고, 중국·미국·영국 등 연합국의 일원으로 국제적 연대의 군사 활동을 하겠다는 이 성명은 미국을 포함하여 국제적인 주목을 받는 계기가 되었습니다. 또한 연합국을 상대로 임시 정부를 하나의 망명 정부 또는 적어도 하나의 교전 단체로 인정해달라고 제의할 수 있는 근거가 되었습니다. 비록 연합국의 상대로 한 제의는 실패했지만 중국 정부에게서 호의적인 반응을 받는 데는 성공했습니다. 뿐만 아니라 대일 선전 포고는 항일 독립 운동의 정신적 바탕이 되어 임시 정부와 한

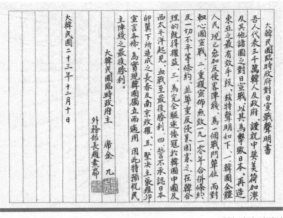

대일 선전 성명서

국 광복군에 참여하는 한국인 청년들이 늘었습니다. 이러한 노력에도 불구하고 우리 스스로의 힘만으로 일본을 패퇴시키지 못한 것은 참으로 아쉬운 일입니다.

급변하는 대외 정세에서 피어나는 독립의 희망

대일 선전 포고문이 발표되기 몇 년 전으로 거슬러 가보겠습니다. 임시 정부는 태평양 전쟁이 발발하기 전부터 독립에 대한 준비를 하고 있었습니다. 1937년에 시작된 중·일 전쟁은 4년 동안 지속되었고, 1939년에 2차 세계대전이 발발했습니다. 임시 정부는 머지않아 일본이 미국과도 충돌할 것이라 예측했습니다. 내부적으로는 한국 독립당 창당, 한국 광복군 창설, 주석 중심의 단일 지도 체제 확립 등으로 체제를 개편하고 더 적극적으로 독립 운동을 수행할 힘을 키웠습니다.

급변하는 대외 정세 속에서 임시 정부는 태평양 전쟁이 일어나기도 전에 이미 독립에 대한 기대와 희망을 가졌습니다. 김구 주석과 이시영, 조소앙, 박찬익 등의 국무위원들은 독립을 쟁취할 준비를 서둘렀습니다. 그중 하나가 대한민국 건국 강령을 마련하는 일이었습니다. 이는 임시 정부의 역사적 정통성은 어디 있는지, 어떻게 국토를 수복할 것이며, 어떤 과정을 거쳐 정부를 수립할 것인지, 해방된 조국에서는 어떤 정책을 펴나갈지를 다루는 중요한 작업이었습니다.

대한민국 건국 강령 제정

대한민국 건국 강령의 토대는 조소앙이 마련했습니다. 국무회의에서 건국 강령 기초안을 약간 수정해 통과시켰고, 1941년 11월 28일 국무위원회 명의로 '대한민국 건국 강령'을 공포했습니다.

교과서에는 "1941년 조소앙의 삼균주의에 입각한 대한민국 건국 강령을 발표했고, 일제로부터 독립을 달성한 이후 세우고자 하는 나라의 모습을 담고 있다."라고 서술되어있습니다. 그리고 "건국 강령에는 정치적으로는 의회주의에 바탕을 둔 민주 공화국 건설, 경제적으로는 대기업의 국영화, 토지의 국유화, 자영농 위주의 토지 개혁 시행 등의 내용을 담고 있다."고 나와 있습니다. 여기서는 교과서에 간략하게 설명되어있는 대한민국 건국 강령에 대해 자세히 알아보겠습니다.

대한민국 건국 강령은 모두 3장 24개항으로 구성되어있습니다. 건국 강령에는 임시 정부가 3·1운동의 연장선에서 수립되었고, 1919년 4월 11일 13도 대표들에 의해 조직된 그 정부를 연면히 계승했으며, 국가 건설 방향에 대한 치열한 토론 결과를 담은 삼균 제도를 건국의 기본 방향으로 삼았음을 밝혔습니다.

제1장은 총강(總綱)으로 국토를 수복하고 정부를 수립하는 대원칙을 천명했습니다. 총강에서는 민족의 과거 내력을 통해 앞으로 나아갈 방향을 제시하고, 구체적인 새 정부의 방략으로 권력·부력·지력의 삼균을 제시했습니다. 제2장은 복국(復國)으로 일제와 싸워 나라를 되찾기까지 해야 할 일을 밝혔습니다. 제3장은 건국 7개항으로 정부 수립을 위한 구체적인 절차와 나라를 세운 뒤 실시할 주요 정책을 정리했습니다. 제3장에서는 먼 타국에서 체포와 고문, 죽음의 위협과 늘 마주했던 독립 운동가들이 어떤 국가를 만들고 싶었는지를 엿볼 수 있습니다. 누구든 차별 없이 정치에 참여할 수 있고, 누구도 배곯지 않고 고루 잘살 수 있으며, 모든 사람이 학교를 다닐 수 있는 그런 국가를 만들고자 했습니다.

광복 후 정치적으로는 보통선거의 실시를 통한 민주 공화국 수립, 경제적으로는 기간 산업의 국유화, 교육에 있어서는 의무 교육 제도 실시라는 큰 틀을 가진 독립된 민주주의 국가를 꿈꿨던 것입니다. 이러한 균등 사회를 실현하려는 꿈, 그들은 그런 꿈을 함께 꾸었기에 두려움과 고통을 피하지 않고 해방의 그날까지 험난한 독립 운동의 길을 걸을 수 있었던 것이 아닐까 생각합니다.

헌법을 통해 이어지고 있는 임시 정부의 정신

대한민국 건국 강령은 독립 운동에 참가했던 인사들에게 많은 지지를 받았습니다. 식민지 조선의 현실에 대한 탐구를 기초로 독립 운동가들 사이에 전개된 활발한 토론 결과를 반영했기 때문입니다.

1945년 8월 15일 해방을 맞이하자 다양한 정치 세력이 여러 형태의 헌법 초안을 만들었습니다. 1948년 대한민국이 출범하고 헌법을 제정할 때 이 초안을 검토했으며 임시 정부의 건국 방침 또한 중요한 검토 대상이 되었습니다.

대한민국 헌법에는 건국 강령에 담긴 균등 사회 건설이라는 취지가 뚜렷이 반영되었습니다. 헌법 전문에 "모든 사회적 폐습을 타파하고 민주주의 제도를 수립하여 정치, 경제, 사회, 문화의 모든 영역에 있어서 각인의 기회를 균등히 함으로써 국민 생활의 균등한 향상을 이룩하겠다."고 쓰여있습니다. 그리고 이 취지들을 뒷받침할 조항들이 곳곳에 담겨있습니다. 한마디로 민주 공화제, 균등 사회 실현을 지향했던 임시 정부의 정신이 오늘날까지 이어지고 있는 것입니다.

조선 의용대,
한국 광복군과 합병하다

프로 스포츠 경기에서 팀 성패의 열쇠가 되는 것이 바로 용병입니다. 용병의 활약 없이 성공한 팀은 없다고 해도 과언이 아닙니다. 실제로 뛰어난 용병 1~2명이 팀 승리와 함께 우승을 이끈 사례는 셀 수 없이 많습니다. 한국 광복군에도 특급 용병이 합류하면서 무장 독립 투쟁이 더 활발해졌습니다. 교과서에는 "1942년 김원봉이 이끄는 조선 의용대 일부가 합류하여 전력을 강화한 후 본격적인 군사 활동을 시작했다."라고 설명되어있습니다.

한국 광복군의 특급 용병이 누구인지 감이 오나요? 바로 김원봉의 조선 의용대입니다. 조선 의용대에 대해 알아보려면 그 전에 우선 의열단에 대해 알아야 합니다.

조선 의용대의 전신 의열단

3·1운동 이후 일제의 통치 기관을 파괴하고 요인을 암살하는 의열 투쟁을 통해 민족 운동을 전개하는 단체들이 조직됩니다. 김원봉, 윤세주 등을 중심으로 중국 지린에서 조직된 의열단이 대표적인 단체입니다.

의열단은 조선 총독, 매국노, 친일파 등의 암살과 조선 총독부, 동양 척식 주식회사, 경찰서와 같은 식민 지배 기관의 파괴를 활동 목표로 삼았습니다. 그리하여 김익상, 나석주, 김상옥 등을 국내로 파견하여 일제의 식민 통치 기관 파괴와 침략 원흉 응징 활동을 벌였습니다. 또한 신채호에게 의뢰하여 작성한 조선 혁명 선언을 활동 지침으로 삼았습니다.

그런데 1920년대 후반부터 의열단은 종래에 행한 암살과 파괴 운동 중심의 의열 투쟁에 한계를 느끼고 조직적인 항일 무장 투쟁으로 노선을 전환했습니다. 이에 따라 김원봉을 비롯한 단원들은 황포 군관 학교*에 입교하여 정규 군사 훈련을 받았습니다.

1932년에는 황포 군관 학교를 졸업한 김원봉을 비롯한 단원들이 독립군 간부 양성을 위해 중국 정부의 지원을 받아 조선 혁명 간부 학교를 설립했습니다. 이러한 노력 끝에 1935년 김원봉은 민족 혁명당을 결성했습니다. 김원봉의 의열단, 조소앙의

---

* **황포 군관 학교** : 1924년 1월 중국 국민당이 중국 혁명에 필요한 군사 간부를 양성하기 위해 광저우에 설립한 군사 교육 기관입니다.

한국 독립당, 지청천의 조선 혁명당 등 민족주의와 사회주의 계열이 협력하여 결성된 단체인 민족 혁명당은 중국 국민당 군사 위원회의 후원 아래 중국 관내 최대 규모의 정당이 되었습니다.

이 시기 임시 정부를 고수하려는 김구는 민족 혁명당에 참가하지 않고 한국 국민당을 창당했습니다. 한편 민족 혁명당 내에서 사회주의적인 색채가 강한 의열단이 주도권을 잡자 이에 불만을 품은 한국 독립당과 조선 혁명당은 민족 혁명당에서 빠져나와 김구의 한국 국민당으로 합류했습니다.

이후 민족 혁명당은 김원봉의 의열단이 중심이 된 조선 민족 혁명당으로 개편되었습니다. 중·일 전쟁이 시작되자 민족 혁명당을 계승한 조선 민족 혁명당과 함께 통합에 찬성하는 단체들이 모여 조선 민족 전선 연맹을 결성했고, 1938년에는 산하 조직으로 조선 의용대가 창설되었습니다.

김원봉과 조선 의용대, 임시 정부에 합류하다

중국의 지원을 받아 중국 관내에서 결성된 최초의 한국인 무장 부대인 조선 의용대는 김원봉이 총대장을 맡았으며, 3개 지대로 구성되어 일본군에 대한 심리전과 후방 공작에 많은 성과를 올렸습니다. 한때 민족 혁명당과 조선 의용대는 임시 정부를 압도하는 모습을 보여주기도 했습니다. 하지만 김원봉의 선택은 임시 정

황포 군관 학교

부 합류였습니다.

　김원봉이 한국 광복군 부사령관으로 임명되면서 조선 의용대
는 한국 광복군으로 편입되었습니다. 민족 혁명당원은 임시 의정
원 의원으로 선임되었고 김원봉 또한 국무위원으로 선임되었습니
다. 이때 김원봉에게 주어진 임시 의정원 의원과 한국 광복군 부사
령관 겸 제1지대장이라는 직함은 임시 정부에서 그를 예우하기 위
한 배려로 볼 수 있습니다.

　임시 정부를 압도하는 위상을 가졌던 김원봉과 조선 의용대
는 왜 임시 정부에 합류했을까요? 크게 두 가지 배경이 있습니다.

　첫 번째 배경은 민족 혁명당 당세의 위축과 임시 정부의 위
상 변화입니다. 1935년 7월에 창당한 민족 혁명당은 김원봉이 독

조선 의용대

립 운동을 하는 과정에서 그의 리더십을 보여주는 정치적 기반
이었습니다. 그러나 결성 당시 676명으로 파악되었던 당원 수가
1942년 10월에 이르러 120여 명으로 격감했습니다. 이에 따라 중
국 정부 관할 구역에서 활동하는 한국인 세력 중 임시 정부보다
더 강력한 단체로 평가받던 민족 혁명당의 당세는 현저히 위축
될 수밖에 없었습니다.

　　민족 혁명당은 창당 초기에는 임시 정부와 관계를 맺지 않
았습니다. 그 이유는 임시 정부가 해외에 통치권을 행사할 대상
이 없었고, 각국으로부터 승인과 지원을 확보하지 못했으며, 혁명
단체 및 국내 인민의 합법적인 선거를 통한 조직이 아니었기 때
문입니다.

그런데 시간이 흐르면서 임시 정부를 둘러싼 주변 상황이 급변했습니다. 폴란드, 네덜란드, 프랑스 등 반파시스트 망명 정부가 각국의 승인과 원조를 받고 있었기 때문에 임시 정부도 국제적 승인을 획득할 가능성이 높아졌습니다. 또한 중국 정부가 한국인 독립 운동을 적극적으로 지원했습니다.

이러한 상황 속에서 김원봉과 민족 혁명당은 외국의 지원이 항일 독립 운동에 큰 도움이 되리라는 점을 내세워 임시 정부에 합류하고자 했습니다. 즉 김원봉과 민족 혁명당은 2차 세계대전 중의 국제 정세 변화와 이로 인한 한국인 독립 운동에 대한 국제 환경이 호전된 사실에 주목했던 것입니다. 그리고 독립 운동 세력이 연합국의 일원으로 대일 항전에 참전하기 위해서는 임시 정부의 대표성과 지도 역량의 강화가 필요하다고 보았습니다. 이를 위해 임시 정부를 중심으로 독립 운동 세력의 결집이 필요하다고 판단하여 임시 정부 합류를 결정했습니다.

두 번째 배경은 조선 의용대 활동이 한계에 봉착했기 때문입니다. 조선 의용대는 중국의 지원을 받으며 대일 심리전과 후방 공작 활동을 전개했습니다. 그러나 중국 국민당 정부가 항일 투쟁에 소극적인 태도를 보였고, 이에 조선 의용대는 좀 더 적극적인 항일 투쟁을 위해 중국 공산당 세력이 대일 항전을 펼치고 있는 화북 지방 옌안으로 이동했습니다. 즉 김원봉을 비롯한 최고 지도부와 일부 병력을 제외하고는 대부분 병력이 조선 의용대 화북 지대를 결성하고 호가장 전투와 반소탕전 등에서 큰 전과를 올리면서

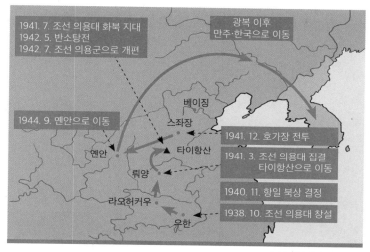

조선 의용대의 이동 경로

북상한 것입니다.

　화북 옌안으로 이동한 조선 의용대원과 민족 혁명당 요인들은 그곳에서 중국 공산당에 가입하여 활동하고 있는 한국인들과 더불어 조선 독립 동맹을 결성했습니다. 조선 독립 동맹은 북상한 조선 의용대 화북 지대를 기반으로 조선 의용군을 조직했습니다. 조선 의용군은 중국 공산당의 주력 부대인 팔로군 등과 함께 타이항산 일대에서 항일전을 전개했으며, 한국 광복군과 더불어 중국 관내에서 활동한 대표적인 독립군이 되었습니다. 광복 후 김두봉을 비롯한 조선 독립 동맹과 조선 의용군의 핵심 인물들은 북한 정권 수립에 참여했습니다.

조선 의용대가 처음 조직되었을 때 대원 수는 총 130여 명에 달했습니다. 그런데 1941년 여름 110명이 옌안으로 가버리면서 후방 여러 곳에 남아있는 대원들은 김원봉을 포함하여 20여 명에 불과했습니다. 이러한 상황에서 화북 지방으로 가지 않고 잔류한 조선 의용대는 어쩔 수 없이 한국 광복군에 합류했던 것입니다.

조선 의용대의 한국 광복군 합병은 독립 운동의 진보와 발전을 보여주는 것으로 평가받고 있습니다. 민족 혁명당의 임시 정부 참여와 조선 의용대의 한국 광복군 편입으로 중국 정부 관할 구역 내의 한국인 세력이 정치·군사적으로 통일을 이룰 수 있었기 때문입니다.

김원봉의 조선 의용대는 광복군 제1지대로 개편되어 한국 광복군의 군사적 통일을 완성하고, 전·후방에서 항일 운동에 참여했으며, 한국 광복군의 확대 발전에 적극적으로 노력했습니다. 또한 좌우 합작을 통한 임시 정부 조직 개편과 통일에 큰 기여를 했습니다.

조선 의용대의 임시 정부 합류는 독립 운동 세력의 단합과 통일이라는 의의를 가지고 있습니다. 물론 조선 의용대 주력이 중국 공산당 항일 근거지인 옌안으로 이동하지 않았다면 김원봉은 임시 정부에 합류하지 않았을 것입니다. 그는 힘들어지는 환경 속에서 새로운 활로를 찾기 위해 전략적 선택을 한 것입니다.

한국 광복군의 여전사들

한국 광복군의 특급 용병 역할을 한 조선 의용대를 알아보았으니 이제 한국 광복군의 숨겨진 비밀 요원인 여성 대원을 만나보겠습니다. 한국 광복군에서 활동한 여성 대원의 규모는 얼마나 될까요?

한국 광복군의 정확한 수는 지금까지 밝혀지지 않고 있습니다. 해방 이후에도 한국인 청년들이 계속 한국 광복군으로 편입했기 때문입니다. 1977년 광복회에서 조사한 한국 광복군 명단 현황에 따르면 총 인원은 755명이라고 밝혔지만 이 통계도 정확하지 않습니다.

현재 한국 광복군의 총 인원 수는 700~800여 명으로 추정하고 있습니다. 이중에서 여성 대원은 각 지대별로 30여 명씩 있었다고 합니다. 이 숫자는 1967년 8월 12일 대한일보 한국 광복군 여자 대원 좌담회에서 당시 여성 대원이었던 김효숙이 "한국 광복군의 정확한 숫자는 비밀로 되어있어서 잘 모르겠는데 여자 대원은 각 지대에 30여 명씩 있었다."라고 증언한 것을 토대로 추정한 것입니다.

현재 조금이나마 자료가 남아있는 여성 대원은 약 20여 명 정도입니다. 국가보훈처에 국가유공자로 포상된 한국 광복군 여성 대원을 살펴보면 눈여겨볼 점이 있습니다. 여성 대원들은 3·1운동 이후 출생한 세대로 미혼 여성이 많았습니다. 그들은 조국 독립을 위해 기꺼이 자신의 청춘을 내던졌던 것입니다.

그러면 한국 광복군의 여성 대원들은 어떻게 입대할 수 있었을까요? 우리는 여성 대원들의 출신 배경에 주목해야 합니다. 여성 대원 중에는 독립 운동가 집안에서 출생하여 자란 인물들을 쉽게 찾아볼 수 있습니다. 일제 강점기 수많은 독립 운동가는 일신과 가문의 안녕을 뒤로하고 항일 투쟁이라는 험난한 길로 들어섰습니다. 전 재산을 처분한 후 가솔을 이끌고 이역만리로 떠난 사람들도 있었으나 대다수는 국내에서 옥고를 치르거나 단신으로 망명의 길을 택하기도 했습니다. 이 와중에 가족들은 흩어지고 집안은 몰락했으며 가산마저 빼앗긴 경우가 대부분이었습니다. 그 험난한 길을 지켜본 자식들이 독립 운동을 대를 이어서 하는 모습은 대단하다 못해 경이롭다는 생각까지 듭니다.

독립 운동가 집안에서 자라 여성 대원으로 입대한 인물로는 김정숙, 김효순, 조순옥, 지복영 등이 대표적입니다. 김정숙과 김효숙은 자매지간으로 독립 운동가 김붕준의 자녀입니다. 조순옥은 독립 운동가 조시원의 딸입니다. 조시원은 조소앙의 동생으로 가족 전원이 독립 운동에 참여했습니다. 지복영의 아버지는 한국 광복군 총사령관 지청천이었습니다.

비록 독립 운동가 집안에서 출생하지는 않았지만 남편이 독립 운동가로 활동하면서 자연스럽게 독립 운동에 참여한 인물도 있습니다. 신정숙은 남편과 안창호의 옥바라지를 하면서 민족 의식을 가지게 되었고, 한국 광복군 여성 대원으로 입대하였다고 증언했습니다.

또한 국내에서 민족 운동을 하다가 일본 경찰을 피해 중국으로 망명한 권기옥 같은 인물도 있습니다. 권기옥은 평양의 대표적인 민족 여학교인 숭의여학교 재학 시절 평양에서 만세 운동을 주도했습니다. 이후 국내에서 임시 정부의 군자금을 모집하고 송금하다 일본 경찰에 체포되어 고

한국 광복군 여성 대원 지복영

초를 겪기도 했습니다. 그녀는 출옥 후 상하이로 떠나 임시 정부에 합류했고 이후 한국 광복군 여성 대원이 되었습니다.

이외에도 여성의 권리 신장, 일본군에 죽임을 당한 가족의 복수심, 입대, 독립 운동가의 설득과 권유 등 여러 이유로 다양한 계층의 여성들이 임시 정부에 합류했고 한국 광복군 여성 대원이 되었습니다.

여성 대원들의 활약

한국 광복군에서 여성 대원들은 어떤 역할을 했을까요? 이들이 맡은 역할은 남성 대원들보다 많았습니다. 우선 여성 대원들도

남성 대원과 마찬가지로 한국 광복군에 편입되기 전 한국 청년 훈련반과 한국 광복군 훈련반에서 교육과 훈련을 받았습니다. 한국 광복군은 초모 활동을 통해 모집한 한국인, 일본군 탈출병, 포로 등을 정식 광복군에 편입시키기 전에 일정 기간 동안 훈련과 교육을 시켰는데 여성 대원들도 이 과정을 그대로 받았습니다. 이처럼 여성 대원들은 남성 대원과 차별 없이 똑같은 교육과 훈련을 받음으로써 군인의 자질을 높일 수 있었습니다.

여성 대원들은 한국 광복군의 선전 활동에 큰 역할을 했습니다. 선전 활동의 목표는 국내에 있는 대중과 긴밀하게 연락하여 지하군 조직을 양성하고, 일본이 지배하는 지역에 거주하는 동포와 일본군 내의 한국인 사병과 연락하여 탈출 및 투항을 진행하고, 국내외 각지에 있는 혁명 청년과 한국인 사병 포로를 한국 광복군으로 결집시키는 일 등이었습니다.

김정숙은 일본군의 사기를 저하시키기 위해 편지를 써서 비행기로 뿌리는 일을 했는데 2년 동안 매일 밤을 새워가며 하루에 1,000여 통씩 전단을 썼다고 합니다. 화투 다섯 끗짜리 띠에 "보고 싶다. 빨리 돌아와다오."라는 어머니의 간절한 호소, "죽으면 안 돼요. 우리는 살아서 만나야 해요."라는 사랑하는 이의 가슴을 애달프게 하는 내용을 써서 일본군에게 반전 및 염전(전쟁을 싫어함) 사상을 일으키게 했습니다.

한국 광복군은 현 정세와 실상을 올바르게 전달하기 위해 기관지인 〈광복〉을 발행했습니다. 편집은 남성 대원이 했지만 원고

한국 광복군 총사령부 성립 전례식에 참석한 여성 대원들

작성과 번역은 여성 대원이 담당했기 때문에 창간호에 여성을 대상으로 한 글이 2편이나 게재되었습니다. 오광심의 '한국 여성 동지들에게 −글', 지복영의 '한국 여성 동지들아 활약하자' 등이 있습니다.

초모 활동에서도 여성 대원의 역할이 두드러졌습니다. 여성 대원들은 탈출한 학도병이 한국 광복군을 찾아올 수 있는 중간 거점에 대기했습니다. 탈출한 학도병이 모이면 이들을 인솔해서 한국 광복군으로 데려왔습니다. 또한 학도병이 탈출 경로를 알수 있도록 방송으로 알려주기도 했습니다. 한·미 군사 합작을 위한 전략 첩보 훈련과 정진대 활동에서는 이순승, 김유길, 오세의 등의 여성 대원이 활약했습니다.

세탁, 재봉, 구호 활동은 여성 대원들이 주도적으로 맡은 활동입니다. 그들은 시간이 날 때마다 남자 동지들의 해진 군복을 꿰매며 세탁까지 했습니다. 저처럼 단추 하나 꿰매지 못하는 남성 대원이 대부분이었을 테니 여성 대원들의 헌신이 없었다면 아마 대부분의 남성 대원은 다 해진 군복을 입고 전쟁에 나섰을 것입니다.

여성 대원의 활약이 가장 두드러진 것은 구호 대원으로서의 역할입니다. 구호반은 제3지대에만 존재했는데 제3지대 본부는 정훈조, 부관조, 경리조, 군수조, 정보조, 작전조, 구호반 등으로 구성되었습니다. 김옥경, 김정옥, 김옥선, 박금녀, 박지영, 박기은, 박문자, 서삼례, 신응녀 등이 대표적인 여성 구호 대원이었습니다.

이처럼 많은 여성이 조국 독립을 위해 한국 광복군의 일원으로 활약하면서 역할을 점차적으로 늘려나갔습니다. 여성들도 조국의 독립을 위해 고난과 위험을 무릅쓰고 조국의 해방을 위해 목숨을 걸었다는 사실을 잊지 말아야 합니다.

영국과의 연합 작전

연합군의 일원으로 활동하다

대학 입학 시험을 치기 위해 우리는 초등학교 6년, 중학교 3년, 고등학교 3년 총 12년 동안 공부를 합니다. 조선 시대에는 과거 시험을 준비하는 데 평균 20~30년 정도가 걸렸다고 합니다. 저 또한 10년이 넘도록 좋은 강사가 되기 위해 끊임없이 노력하고 있습니다. 이처럼 어떤 성과를 얻기 위해 오랜 시간이 필요한 경우가 있습니다.

임시 정부는 20여 년 동안 일본과의 항전이라는 꿈을 실현하기 위해 오랜 기간 군대 창설을 준비했습니다. 그리고 1940년 충칭에서 한국 광복군을 창설하면서 일본과의 항전을 시작합니다.

임시 정부는 한국 광복군을 창설한 이후 끊임없이 연합군의 일원으로 대일 항전에 참전하고자 노력했습니다. 추후 연합군이 한반도에 상륙할 때 한국 광복군도 연합국의 일원으로 선봉대가 되어 조국 해방 작전에 뛰어들고자 했기 때문입니다. 이를 위해 1943년 한국 광복군은 영국군과 합작하여 공작대를 인도·버마 전선에 파견했습니다. 이 공작대가 바로 '인면전구* 공작대'입니다.

교과서에도 "1943년에 한국 광복군은 연합군과의 합동 작전에 주력하면서, 영국군의 요청에 따라 미얀마와 인도 전선에 공작대를 파견하여 공동 작전을 전개했다.", "추가적으로 파견된 공작대가 일본군의 문서 번역, 포로 심문, 일본군을 상대로 한 회유 방송 등의 심리전에도 참여했다."라고 서술되어있습니다. 하지만 구체적으로 어떤 활약을 했는지는 알 길이 없습니다. 여기서는 교과서에서는 알려주지 않은 인면전구 공작대의 활동에 대해 알아보겠습니다.

한국 광복군 총사령부는 각 지대에서 인면전구에 파견할 대원을 선발했습니다. 선발 기준은 신체 조건과 어학이 가장 큰 비중을 차지했습니다. 인도와 미얀마 전선의 험난한 자연적, 지형적 조건을 극복하기 위해서는 강인한 체력이 필수였고, 일본군을 상대로 특수 공작 선전 작전을 수행하려면 능숙한 일본어 실력이 필요했기 때문입니다. 또한 영국군과의 연합 작전을 위해 영어 구사 능

---

* **인면전구** : 인도와 버마(현 미얀마) 전선을 말합니다.

력도 필요했습니다. 엄격한 선발 과정을 통해 제1지대에서 2명, 제
2지대에서 7명 등 총 9명을 선발했습니다. 인면전구 공작대로 파
견된 한국 광복군 대원은 다음과 같습니다.

대 장	한지성(제1지대 출신)
부대장	문응국(제2지대 출신)
대 원	이영수(제1지대 출신), 최봉진·송철·박영진·김상준·나동규·김성호(이상 제2지대 출신), 안원생(총사령부 출신, 위의 9명보다 추후에 새로이 파병)

현지 파견에 앞서 인민전구 공작대 대원들은 중국 군사위원
회에서 3주간 기초적인 적응 훈련을 받았습니다. 훈련을 마친 9명
의 대원은 1943년 8월 29일 인도 콜카타로 파견되었습니다. 공작
대가 콜카타로 직행한 이유는 인도 제2의 도시이고 델리로 이전
하기 전의 수도였으며, 인면전구로 투입되는 영국군의 근거지였
기 때문입니다.

인면전구에 파견된 한국 광복군 공작대는 영국군에 편제되어
활동했습니다. 그런데 그들이 소속되어있던 영국군 부대의 정확
한 명칭과 그 실체를 확인하기가 쉽지 않습니다. 2차 세계대전 당
시 영국의 비정규전 특수 공작 임무를 수행하기 위해 창설된 부대
'SOE'Special Operations Executive에 소속되었던 것으로 추정할 뿐입니다.

인도로 파병된 인면전구 공작대의 활약

인도에 도착한 대원들은 콜카타와 델리 두 도시의 영국군 기지에서 특수 공작전과 대적 선전 방송에 필요한 훈련을 받았습니다. 첫 도착지인 콜카타에서 델리로 이동한 후에는 영국군 기지인 레드 포트Red Fort에서 영어 학습과 일본어 방송, 전단 작성, 문서 번역 등의 훈련을 받았습니다.

1944년 2월경 델리에서 훈련을 마친 인면전구 공작대는 영국 군에 분산 배치되었습니다. 델리의 영국 군사령부에는 송철이, 콜카타 방송국에는 이영수과 최봉진이 남았습니다. 이들 3명을 제외한 6명의 대원은 대장 한지성의 인솔하에 부야크로 집결한 뒤 다시 2개의 분대로 나뉘어 임팔 전장에 투입되었습니다. 문응국, 김상준, 나동규 등 3명은 영국군 201 전지선전대로 배치되었고, 박영진과 김성호는 영국군 204 전지선전대로 배치되어 아라칸 전선으로 투입되었습니다.

이때 공작대의 대장 한지성은 향후 공작 문제를 협의하기 위해 부야크를 떠나 델리로 갔다가 다시 콜카타로 돌아와 잠시 머물고 있었습니다. 그는 이곳에서 대원들이 2개 분대로 나뉘어 전선에 투입되었다는 소식을 듣고 아라칸에 합류했습니다. 하지만 아라칸의 전쟁 상황이 극도로 불리해져 어떠한 활동도 할 수 없게 되고, 결국 한지성, 박영진, 김성호 등 3명은 204 전지선전대와 함께 아라칸에서 콜카타로 철수했습니다.

이들은 다시 임팔 전선으로 이동하기 위해 콜카타에서 기차를 타고 디마푸르에 도착한 뒤 육로로 임팔에 도착했습니다. 이로써 콜카타와 델리에 남아 후방 공작을 벌이고 있던 이영수, 최봉진, 송철 3명을 제외한 6명이 임팔 전선에 투입되었습니다. 비록 얼마 되지 않는 대원이지만 모두가 임팔 전선에 투입된 것을 볼 때 이 전장이 상당히 중요하다는 것을 짐작할 수 있습니다. 이곳은 영국과 일본 모두가 절대 양보할 수 없는 곳이었습니다.

1942년 3월 일본군은 미얀마를 침공하여 수도 양곤(구 랭군)을 함락했고, 그 뒤 영국군을 북쪽으로 밀어내어 인도로 퇴각시키고 미얀마 전역을 장악한 상태였습니다. 이러한 상황에서 영국군과 일본군 간에 대격전이 벌어졌는데, 태평양 전쟁의 승패 향방을 결정하는 이 전쟁이 바로 임팔을 중심으로 한 인도와 미얀마 국경 지대에서 벌어진 '임팔 대회전'입니다.

임팔 대회전은 1943년 3월 9일 일본군의 대공세로 시작되어 7월 15일 일본군이 총퇴각할 때까지 4개월 넘게 벌어진 전쟁입니다. 임팔에는 미얀마와 접경한 마니푸르라는 곳이 있었는데 그곳은 영국군 제4군단의 사령부가 있는 곳이기도 했습니다.

미얀마 최전선에 투입된 인면전구 공작대

임팔 대회전이 중요한 것은 미얀마라는 나라와 관련이 있습니다. 당시 미얀마는 미국을 비롯한 연합군이 중국 전선으로 전쟁 물자를 수송하는 주요 통로였습니다. 일본군에 의해 중국의 해안선이 봉쇄되자 연합군은 미얀마 남쪽 양곤에서 북부 라시오를 거쳐 중국의 쿤밍으로 이어지는 통로로 전쟁 물자를 수송했는데 일본군이 미얀마를 점령하면서 이 수송 통로가 차단되었습니다. 이를 타개하기 위해 영국군과 중국군은 1942년 이래 일본군과 치열한 접전을 벌였고 임팔 대회전으로 이어졌습니다. 이 전쟁에 투입된 영국군과 일본군은 인도, 미얀마 국경의 중남부 지역 등지에서 치열한 격전을 벌여 양국 모두 엄청난 사상자가 발생했습니다. 이 격전은 비가 많이 오는 우기를 맞이한 후에야 소강 상태에 들어갔습니다.

당시 한국 광복군 인면전구 공작대는 임팔 대회전 최전선에 투입되어 활약했습니다. 현재 자료로 볼 때 활동 지역은 임팔을 비롯하여 디마푸르, 캉글라통비, 우크룰, 비센푸르, 티딤 등지로 확인됩니다. 이들 지역은 모두 2차 세계대전 당시 대표적인 격전지였습니다. 인면전구 공작대는 격전이 벌어지던 곳곳에서 대적 선무 방송, 투항 권유 전단 작성, 노획 문서 해독, 포로 심문 등 다양한 공작전을 수행하여 큰 전과를 올렸습니다.

인면전구 공작대의 맹활약

지금부터 교과서에서 볼 수 없는 인면전구 공작대의 구체적인 활약상을 살펴보겠습니다. 인면전구 공작대는 임팔 대회전에서 두 번의 맹활약을 합니다.

먼저 티딤 철수 작전입니다. 인면전구 공작대의 문응국, 김상준, 나동규는 영국군 201 전지선전대에 배속되었고 영국군을 따라 미얀마 영내의 티딤을 향해 깊숙이 진격해 들어갔습니다. 그러나 티딤 도착 직후 일본군의 포위 공격을 받아 수세에 몰려 수일간 악전고투를 겪게 됩니다. 이에 전원 철수 명령이 하달되어 임팔을 향한 퇴각이 개시되었습니다.

이때 인면전구 공작대의 문응국은 일본군에게서 노획한 작전 문서를 세밀하게 분석하여 일본군의 병력 배치 상황에 관한 정확한 정보를 확보했습니다. 이 정보는 영국군 사단장 코완 장군에게 전달되었고, 그 결과 영국군 전원이 임팔로 무사히 귀환할 수 있었습니다. 이에 영국군 사단장은 인면전구 공작대를 직접 찾아와 감사를 표했다고 합니다.

두 번째 활약은 임팔 대회전에서의 공작 활동입니다. 204 전지선전대와 함께 아라칸 전선에 투입된 한지성, 박영진, 김성호는 전쟁 상황이 불리해지자 철수하여 임팔 전선에 투입되었습니다. 임팔에 도착한 그들은 최전방 격전지에 투입되어 영국군 전투 부대와 함께 활약했습니다.

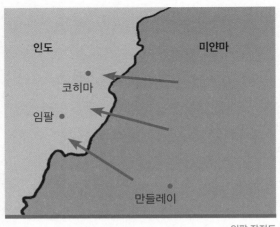

일본군과 불과 200미터 떨어진 지점에서 대적 선무 방송을
시작하였고, 티딤에서 철수한 문응국, 김상준, 나동규도 합류하여
임팔 부근의 격전지 도처에서 특수 공작전을 전개했습니다. 이후
6명의 대원은 임팔 지역에서만 30여 회에 걸친 선무 방송과 10여
건의 포로 심문, 문서 번역 등의 특수 공작전을 수행했습니다. 그
외 비센푸르, 캉글라통비, 우크룰 등지에서도 대적 방송 등 공작전
을 전개하여 영국군의 작전에 큰 도움을 주었습니다.

비센푸르에서 일본군을 대상으로 선무 방송을 하여 효과를
보았고, 일본군에게서 노획한 문서를 통해서 일본군의 작전 계획,
무기와 병력 배치 상황, 무선 도청과 암호 해독 등 다양한 방면에
서 큰 성과를 올렸습니다. 캉글라통비에서는 박영진이 동북방의

고지에서 대적 선무 방송을 실시했는데 이 방송을 들은 일본군이 완전히 철수하기도 했습니다. 우크룰에서도 수차례에 걸친 대적 선무 방송에 일본군이 스스로 진지를 포기하고 철수했습니다. 또한 일본군에 속해있던 한국인 군인들은 선무 공작 방송을 듣고 단체로 투항하기도 했고, 육군 소위 1명이 소대원 일부와 항복하러 오는 일도 있었다고 합니다.

이러한 맹활약에 영국군 사단장이 직접 찾아와 감사의 뜻을 표했습니다. 나아가 공작대는 영국군에게 일본군 포로를 선무 방송에 투입하자고 건의했는데 이 또한 큰 성과를 거두었습니다.

임팔 대회전이 끝난 후 인면전구 공작대의 행적

4개월 넘게 치러진 임팔 대회전에서 단 1명의 전사자도 없이 무사 귀환한 인면전구 공작대는 약 1개월간 휴식 기간을 가진 후 미얀마 탈환전에 참가하기 위해 치타공*으로 이동했습니다.

연합군은 임팔 전선에서 일본군을 격퇴하고 1945년 초부터 미얀마로 퇴각한 일본군에 대해 총반격을 준비하던 상황이었습니다. 인면전구 공작대도 영국군 전투 부대에 분산 배속되어 미얀마 탈환전에 참전했습니다.

---

* 치타공 : 방글라데시 남동부 해안 도시입니다.

영국군과 같이 활동한 인면전구 공작대

한지성, 박영진, 김성호는 미얀마 중북부에서 만들레이로 남
진하는 부대에 배속되었습니다. 최봉진, 김상준, 이영수는 미얀마
중부 지역을 우회하여 만들레이를 향해 북상하는 부대에 배속되
었습니다. 문응국, 송철은 미얀마의 수도 양곤 상륙 작전에 참전
했습니다. 뒤늦게 파견된 안원생은 동남아 전구 사령부에 배속되
었습니다.

그런데 안타깝게도 자료가 부족하여 미얀마로 진군한 인면전
구 공작대의 구체적인 활동 과정이나 전과에 대해서는 확인할 길
이 없습니다. 1945년 5월 미얀마 전선은 영국군이 양곤을 탈환함
으로써 끝이 납니다.

미얀마 탈환 작전이 종료된 후 인면전구 공작대는 인도 콜카

타로 철수했습니다. 그리고 콜카타에서 꿈에도 그리던 조국 독립, 광복을 맞이합니다. 일본이 패망하고 전쟁이 종료되자 인면전구 공작대는 새로운 임무를 부여받기 위해 1945년 9월 10일 콜카타에서 충칭 한국 광복군 총사령부로 무사히 귀환했습니다.

인면전구 공작대의 파견 기간은 2년이었고 대원은 9명이 전부였습니다. 하지만 인면전구 공작대 활동의 역사적 의의는 결코 적지 않습니다. 임시 정부는 연합국의 일원으로 2차 세계대전에 참전하기 위해 한국 광복군을 창설했고, 이 목적을 유일하게 달성한 부대가 바로 인면전구 공작대였습니다.

일본의 항복으로 무산된
국내 진공 작전

　임시 정부 요인들에게 가장 아쉬웠던 순간은 언제일까요? 국민 대표 회의의 결렬, 이봉창 의거 실패 등이라고 생각할 수 있겠지만 대부분의 임시 정부 요인들은 1945년 8월 20일이라고 말할 것입니다. 만약 일본이 연합군에 항복하지 않았더라면 그날 한국 광복군은 국내 진공 작전을 전개했을 것입니다. 임시 정부 요인들이 아쉬워할 수밖에 없는 1945년 8월 20일 국내 진공 작전에 대해 살펴보겠습니다.

　교과서에는 한국 광복군의 국내 진공 작전을 비중 있게 다루고 있습니다. "한국 광복군은 미군과 연합하여 국내 진공 작전을 시행하기로 계획했고, 이를 위해 미국 전략 정보국과의 협조하에 국내 정진군을 편성하고 특수 훈련을 시켰다."라고 나옵니다. 그리고 "훈련받은 대원들을 국내에 침투시켜 무장 투쟁의 거점을 확보하고, 미군의 상륙과 때를 맞춰 궐기하여 우리 힘으로 일본군을 몰아내려는 계획을 세웠지만, 일본의 항복으로 무산되었다."라고도 서술하고 있습니다. 그러나 이것만으로는 국내 진공 작전을 제대로 이해할 수 없습니다.

미국과의 연합 작전 배경

먼저 어떻게 미국과의 연합 작전이 이루어질 수 있었는지 그 배경부터 알아보겠습니다.

미국 정부는 태평양 전쟁 발발 직후부터 한반도 문제에 관심을 갖기 시작했습니다. 특히 중국 관내의 임시 정부나 미국 내 한국인 독립 운동 세력의 대일전 수행 참여 가능성에 관심을 가지고 이들의 동향을 파악했습니다. 그리고 중국 내 한국인을 대일 첩보전에 활용하려는 미국의 전략정보국OSS, Office of Strategic Services(이하 OSS)*의 계획을 중국 전구 미군 사령부가 승인했습니다.

중국 주둔 OSS는 한국으로의 첩보 침투를 목표로 하여 한국 광복군과의 합작을 서둘렀습니다. 사실 OSS는 태평양 전쟁 발발 직후부터 중국에 진출하여 한국인 첩보 요원을 화북 지방에서 만

---

* **미국의 전략정보국** : 2차 세계대전 기간 동안 만들어진 전시 첩보 기관으로 할리우드 첩보 영화에 항상 등장하는 미국 중앙정보부(CIA)의 전신입니다.

주와 한반도를 거쳐 최종적으로 일본에 침투시키고자 했습니다. 미국은 한국인들이 일본 제국 어디든지 갈 수 있는 유일한 '비일본인'으로서 여러 임무에 가장 적합하다고 생각했습니다. 그래서 OSS는 태평양 전쟁 초기부터 대일 첩보 활동에 한국인들을 동원하려는 여러 가지 계획을 세워 실행에 옮겼습니다. 하지만 중국 내부의 복잡한 정세, 중국에서 활동하고 있던 OSS를 비롯한 10여 개에 이르는 미국 정보 기관 간의 격렬한 주도권 경쟁, 중국 정부의 한국인 독립 운동 세력에 대한 통제 강화 등으로 별다른 성과를 거두지는 못했습니다.

그러던 중 1944년 10월 중국 국민당 장제스와의 불화로 중국 주둔 미군 사령관이 스틸웰에서 웨드마이어로 교체되는 사건이 발생합니다. 이어 유럽의 대독일 전쟁이 연합국의 승리로 기울어지자 OSS의 중국 활동은 새로운 변화를 맞이합니다.

중국 주둔 OSS는 태평양에서 오는 미군의 북진에 맞추어 대일 첩보전에 집중했습니다. 이때 한국 광복군은 하루라도 빨리 한반도에 침투, 적의 정보 수집과 후방을 교란하여 연합군이 상륙할 때 함께하고자 했습니다. 이는 OSS의 전략적 이해 관계와 정확하게 맞아 떨어졌습니다. 즉 OSS는 유능한 한국인 요원의 확보와 한반도에 대한 첩보 침투라는 현실적인 문제로 한국 광복군과 함께하고자 한 것입니다.

충칭 임시 정부를 찾아온 OSS

1945년 1월 31일 한국 광복군과 OSS의 합작이 이루어지는 결정적인 사건이 발생합니다.

일본에 의해 중국 전선에서 학도병으로 끌려왔다가 탈출한 한국인들이 충칭으로 찾아왔는데 이 사건에 미국, 중국 등 많은 연합국들이 관심을 가졌습니다. 국내에서 온 지 얼마 되지 않았고, 일본군에서도 복무했기 때문에 정보 원천으로서 이들의 가치는 매우 높게 평가되었습니다.

OSS도 학도병 출신 한국 광복군 대원들의 가치에 주목했고 합작 작전은 활기를 띠었습니다. 1945년 1월 이범석의 초청으로 첩보과 책임자 싸전트가 시안의 한국 광복군 제2지대 본부를 방문했습니다. 그러고는 제2지대의 전반적인 사기, 개개인의 능력, 단결심 등을 조사했습니다. 그 결과 한국 광복군이 OSS 훈련과 작전을 충분히 수행할 수 있다고 판단했습니다. 이에 광복군 제2지대의 한

시안 한국 광복군 제2지대에서의
회담을 끝낸 김구

미 공동 작전은 1945년 4월 임시 정부와 중국 전구 미군 총사령부의 최종 승인을 얻게 됩니다.

1945년 5월부터 시안 두취의 광복군 제2지대에서 이른바 '독수리 작전Eagle Project'을 위한 훈련이 시작되었습니다. 광복군 제2지대 본부에 한미 합동 지휘본부를 설치하고, 이범석과 싸전트가 양측의 지휘관으로서 긴밀한 공조 체제를 유지하면서 훈련이 진행되었습니다.

한반도 진격을 꿈꿨던 독수리 작전

이쯤 되면 작전명에서부터 강렬함이 물씬 풍기는 독수리 작전이 궁금할 것 같은데요. 1945년 2월 수립된 독수리 작전 계획은 1945년 2월 14일 중국 전구 OSS의 비밀 첩보과에 의해 처음으로 작성되었습니다.

이 계획서에 따르면 처음에는 60여 명의 요원을 선발하여 3개월 동안 첩보·통신 훈련을 실시하고, 그중 45명의 적격자를 선발합니다. 훈련을 마친 요원들을 한반도의 5개 전략 지점(서울, 부산, 평양, 신의주, 청진)에 침투시키는 것이 목표였습니다. 한마디로 국내 진공 작전을 추진한 것입니다.

한반도 침투 방법으로는 산둥 반도를 출발하는 해로 혹은 동북 지방을 거치는 육로를 활용하기로 했습니다. 작전 내용은 비밀 첩보 공작으로 제한하고, 연합국이 한반도 및 일본 상륙에 임박하는 시기에 한반도에서의 첩보 공작을 더욱 확대하는 것이었습니다. 나아가 일본 진입이나 비밀 첩보 활동과 특수 게릴라 활동의 통합을 구상하는 단계까지 계획했습니다.

이러한 계획은 매우 장기적인 작전으로 적어도 전쟁이 1946년까지 지속된다는 전제하에서 수립된 것입니다. 파견된 요원들의 주요 임무는 각 지역별로 해군 기지, 병참선, 비행장을 비롯한 군사 시설, 산업 시설, 교통망 등에 대한 정보 수집이었습니다. 후일 이들 첩보망이 뿌리를 내리고 연합군이 북상하여 한반도나 일본에 육박할 경우에는 일반적인 정보 수집 외에 지하 운동의 규모와 활동 및 한국인의 의식 등에 대한 정보를 수집하고, 한국인의 대중 봉기를 조직하거나 지원하도록 계획했습니다.

미군과의 공동 작전을 위한 훈련

그러면 미군과의 공동 작전을 위해 한국 광복군이 받은 훈련을 구체적으로 알아보겠습니다.

한국 광복군과 OSS는 한국 광복군 제2지대 본부에 한미 합동지휘본부를 설치했습니다. 당시 제2지대 대원 중 OSS 훈련을 받을 수 있는 인원은 125명 정도였습니다. 이들을 50명 단위로 나누어 제1기와 제2기 훈련을 계획했는데, 제1기 훈련에 한국 광복군 훈련반*(이하 한광반) 출신 37명 중 19명이 OSS 훈련에 참여했습니다.

선발된 대원들은 일주일간 예비 훈련을 받았으며 이 과정에서 각자의 자질과 적성을 조사하여 그에 따라 임무와 훈련을 결정했습니다.

독수리 작전 훈련은 첩보 요원 양성을 위한 정규 훈련을 첩보 훈련반과 통신반(무전 교신반)으로 나누어서 실시했습니다. 이들은 학과 과목을 비롯한 첩보 및 통신 교육, 일본군 전투 서열, 심리 전술, 독도법 등 다양한 훈련을 받은 것으로 추정됩니다. 학과 교육은 매주 별도로 작성된 시간표에 의거하여 교육이 실시되었습니다. 하루 8시간씩 일주일의 교육이 끝나면 시험을 치렀습니다. 만약 성적이 부진하면 부적격 판정을 받아 방출되기도 했습니다. 특히 무전 기술 습득을 위한 통신 교육에 많은 비중을 두었는데, 미국 측 보고를 보면 "기초적인 첩보 교육과 통신 교육을 받고 있지만 이들은 특히 통신에 있어서 특출하다."라고 기록될 만큼 교육 성적이 우수했습니다.

학과 교육을 마친 후에는 야전 훈련이 실시되었습니다. 야전 훈련의 내용은 구체적으로 알 수 없지만 통신반의 현장 훈련 등이 있었던 것으로 추정됩니다. 이 훈련 역시 일정한 단계에 따라

---

* **한국 광복군 훈련반** : 1944년 7월 중국 정부가 대한민국 임시 정부의 요청을 받아들여 중국 중앙 군관 학교 제10분교 안에 설치한 한국 광복군 간부 훈련반으로 줄여서 한광반이라고 부르며, 이곳에서 많은 초급 간부들이 양성되었습니다.

한국 광복군 훈련반

하루 8시간 교육을 받는 훈련병들

시험을 실시했고 이를 통과해야 다음 단계의 훈련에 들어갈 수 있었습니다.

국내 진공 작전을 위한 훈련은 1945년 5월 11일 OSS 요원들의 부임과 함께 시작되어 8월 4일 교관들이 훈련생들의 훈련 성과에 만족, 이들이 야전 작전에 투입되는 것을 승인함으로써 종료되었습니다.

제1기 훈련을 수료한 인원은 총 38명입니다. 12명이 부적격자로 판정되어 탈락될 만큼 훈련은 결코 쉽지 않았습니다. 38명의 훈련 수료생은 훈련생 1명(47세)을 제외한 전부가 20대였으며, 그중에서도 20대 초반이 대부분이었습니다. 학력별로는 대학 출신이 22명으로 가장 많았는데 복잡한 무전 통신 기술을 습득해야 했기 때문에 고학력 출신을 중심으로 훈련 대상을 선발했음을 추정할 수 있습니다. 고등학교 이하 학력자의 경우에는 통역, 시계 수리공, 상인, 광부, 점원, 공무원 등 직업이 다양했습니다. 이처럼 독수리 작전 수행을 위해 선발된 인원들은 한국 광복군 내에서도 최정예 요원이었습니다.

당시 훈련에 참여했던 김준엽은 "드디어 3개월 간의 제1기생 50명의 OSS 특수 공작 훈련이 끝났다. 나는 무전 기술 등의 시험에서 괜찮은 성적을 받았고 국내로 침투하여 모든 공작을 훌륭하게 수행할 수 있는 자신을 얻었다. (……) 제1기생 훈련이 성공적으로 끝나자 우리는 말할 것도 없고 미군도 대만족하여 즉각 국내로 침투시킬 계획을 작성했다."라는 기록을 남겼습니다.

이처럼 제1기생들은 훈련을 마치고 우리 힘으로 일본군을 몰아내려는 국내 진공 작전을 앞두고 있었습니다. 제2기 훈련은 8월 13일에 시작되었고 동시에 제3기 훈련 계획도 수립되었습니다. 38명의 훈련 수료생들은 이처럼 혹독한 훈련을 거쳐 국내 진공 작전을 위한 국내 정진군으로 거듭날 수 있었습니다.

수포로 돌아간 국내 진공 작전

임시 정부는 훈련을 마친 대원들을 국내로 진입시키고자 했습니다. 1945년 8월 5일 김구는 총사령관 지청천, 선전부장 엄항섭 등 19명을 대동하고 시안으로 떠났습니다. 미국 측과 OSS 훈련을 받은 한국 광복군 대원들을 국내에 진입시키는 문제를 협의하기 위해서였습니다.

8월 7일 제2지대 본부에서 회의가 개최되었습니다. 임시 정부 측에서는 김구를 비롯하여 한국 광복군 총사령관 지청천, 제2지대장 이범석 등이 참석했습니다. 미국 측에서는 OSS 총책임자 도노반 소장과 홀리웰 대령, 훈련 책임자 싸전트 대위 등이 참석했습니다. 회의에서는 OSS 훈련을 마친 한국 광복군 대원들을 국내에 진입시켜 적후방 공작을 전개하기로 하고, 이를 위한 제반 준비는 OSS에서 담당하기로 했습니다.

그러나 1945년 8월 20일로 계획되었던 국내 진공 작전은 실행에 옮겨지지 못했습니다. 8월 6일 히로시마, 9일 나가사키에 원자 폭탄이 잇따라 투하되었고, 소련이 대일전에 참전하자 8월 10일 저녁 일본이 무조건 항복 의사를 연합국에 통보하고, 8월 15일 항복을 세계에 공표했기 때문입니다.

일본의 항복 소식을 전해 들은 김구와 한국 광복군은 크게 낙담했습니다. 김구는 국내 정진군이 국내에 투입되기 전에 일본이 항복함으로써 그때까지 미국과 영국 등 연합국에게서 승인받지 못한 임시 정부가 향후 국제 사회에서 발언권이 약해질 수밖에 없다고 판단했습니다. 김구는 임시 정부를 승전국 대열에 올릴 수 있는 기회를 눈앞에서 놓친 것에 대해 크게 아쉬워했습니다.

정진군 규모를 줄여 한반도에 입성하다

일본의 항복으로 약 100명 규모로 계획했던 국내 정진군의 한반도 진입은 실행되지 못했습니다. 하지만 임시 정부는 일본이 항복을 선언한 직후 국내 정진군 대신 선발대로 소규모 정진대 파견을 추진했습니다. 정진대 파견은 일본의 항복으로 실행되지 못한 국내 진입 작전의 일환이었습니다. 김구와 한국 광복군 수뇌부는 정진대 파견을 "한국 광복군을 국내에 진입시켜 미군의 협력을 얻어 일본군의 무장을 해제하고, 치안을 유지하여 건국의 기틀을 다지도록 하기 위한 것이다."라고 의의를 밝혔습니다. 이러한 정

한국 광복군 제2지대 간부와 미국 OSS 대원

진대 파견은 임시 정부의 김구가 항복 예비 접수를 명목으로 미국 측을 설득한 끝에 이루어질 수 있었습니다.

한국 광복군 정진대는 OSS 작전팀과 함께 국내 진입을 시도 했습니다. 1차 정진대가 OSS와 함께 국내로 향한 것은 8월 16일 이었습니다. 하지만 새벽 4시 30분 시안을 출발한 비행기가 산둥 반도에 이르렀을 때 미군 항공 모함들이 일본 전투기의 공격을 받고 여러 지역에서 전투가 벌어지고 있다는 소식이 전해졌습니다. 1차 정진대는 시안으로 다시 기수를 돌렸고 출발 시점을 이틀 늦 췄습니다.

2차로 8월 18일 새벽 5시 50분 비행기가 시안을 출발했습니다. 당시 미군 수송기에 탄 정진대원은 대장인 이범석 장군과 장준하, 김준엽, 노능서였습니다. 함께 소집된 나머지 3명은 비행기 적재 무게 한계로 작전 직전에 빠졌습니다. OSS 측 탑승자는 18명이었는데 이중 한국계 미군 장교 정운수, 함용준, 서상복이 포함되었습니다. 국내 정진대는 OSS 특수 훈련을 수료하고 국내 정진군으로 최종 선발된 대원 중 다시 선별해서 만든 한국 광복군 최정예였습니다.

일본군에 가로막힌 정진대

정진대는 8월 18일 오전 11시쯤 서울 여의도 비행장에 착륙했습니다. 국외 독립 운동 세력 중 해방된 조국에 가장 먼저 진입한 이들을 맞이한 건 돌격 태세의 일본군이었습니다. 무장한 일본군은 OSS 총책임자 미국 버드 대령이 포로 문제를 협의하기 위해 아베 총독과 면담을 요구해도 "본국으로부터 어떤 지시도 받지 못했다."며 물러서지 않았습니다. 정진대는 일본군의 강력한 저항에 어떤 활동도 할 수 없었습니다. 결국 이들은 8월 28일 허탈한 마음을 안고 다시 시안에 되돌아왔습니다.

정진대는 비록 소규모 선발대였지만 중요한 임무를 맡았습니다. 그들이 가장 중점을 둔 임무는 임시 정부와 한국 광복군이 정식으로 귀국할 때까지 국내와 임시 정부의 연락을 담당하며 정

치적 기반을 조성하는 것이었
습니다. 이외에도 일본군 무장
해제, 일본군에 징병된 한국인
인수, 국민 자위군 조직 등이
었습니다. 그리고 미국 측으로
부터 국내 정보 수집, 중요 문
서 압수, 연합군 포로 구호 임
무를 요구받기도 했습니다.

한국 광복군 제2지대 국내 정진대원

정진대의 국내 진입마저
실패한 상황 속에서 한국은 중국 전구 관할에서 태평양 전구로 변
경되었고, 미군이 한반도에 상륙하면서 한국 광복군은 공식적인
임무를 띠고 다시 한반도에 들어가는 기회가 사라졌습니다.

이처럼 한국 광복군은 항일 독립 투쟁 선봉에 섰던 군대였지
만 큰 성과를 거두지는 못했습니다. 그러나 한국 광복군은 임시 정
부가 독립 전쟁의 구심점으로 활동할 수 있도록 해주었고 광복 이
후 국권 회복에 적극적으로 나설 수 있는 기반을 다지는 역할을 했
음을 기억해야 합니다.

일본 패망이 딱 1년만 늦어졌다면

"만약에 그때 ○○○○ 했다면 어떻게 되었을까요?"

강연을 하다 보면 항상 듣는 질문입니다. 역사에 '만약'은 없습니다. 하지만 만약에 국내 진공 작전이 계획대로 실행되었다면 어떻게 되었을까요? 또는 일본의 패망이 1년만 늦어졌다면 어떤 일이 벌어졌을까요?

　　일본이 1945년 8월 15일 무조건 항복을 세계에 공표하지 않았더라면 우리는 예정대로 8월 20일 국내 진공 작전을 전개했을 것입니다. 독수리 작전 계획에 따라 시안과 푸양에서 OSS 훈련을 받은 국내 정진군은 각종 비밀 무기를 지니고 산둥 반도에서 미국 잠수함을 타고 본국으로 들어갔을 겁니다. 그리고 한반도의 5개 전략 지점인 서울·부산·평양·신의주·청진 등지로 침투했을 것입니다. 국내에 침투한 이들은 각 지역의 해군 기지, 병참선, 비행장을 비롯한 군사·산업 시설·교통망 등에 대한 정보 수집을 하면서 연합군이 한반도에 상륙하기를 기다렸을 겁니다.

　　임시 정부의 김구는 미군과 합작으로 국내 진입 작전을 준비함과 동시에 따로 구상했던 시나리오가 있었습니다. 당시 미군은 오키나와를 점령한 다음 일본 본토에 상륙하지 않고 먼저 제주도에 상륙하여 제주도를 해방시킨 후 한반도에 상륙하여 한국을 모두 해방시키고 고립된 일본 열도를 1946년 봄에 점령한다는 작전 계획을 수립했습니다. 이러한 미군의 작전 계획에 맞추어 김구는 미군이 오키나와를 점령한 후 제주도를 해방시키면 즉시 제주도에 진입하여 임시 정부를 이동시키고자 했습니다. 더 나아가 제주도를 점령한 미군이 한반도에 상륙할 때 한국 광복군이 선두에서

중국 산동성에서 국내 정진대원들과 중국 인사들

상륙 교두보를 만들고자 했습니다. 그리고 한국 광복군이 한반도
에 상륙할 때에 맞춰 미리 잠입해있던 국내 정진군이 한국인의 대
중 봉기를 주도하기로 했습니다. 충칭에서 제주도로 이동한 임시
정부가 한국 광복군과 미군에 이어 한반도 해방의 선두에 서서 국
내로 진입하고자 한 것입니다.

　'만약에' 일본 패망이 딱 1년만 늦어져서 한국 광복군의 국내
진공 작전이 실행되고 OSS 특수 부대원들이 활약해주었더라면
항일 운동이 한반도에서 본격적으로 이루어지지 않았을까요? 그
랬더라면 미국도 임시 정부를 인정하고, 임시 정부 혹은 한국 광
복군이 전후 한반도 문제 처리 과정에 발언권을 행사할 수 있지
않았을까요? 그러면 우리의 역사가 달라지지 않았을까요?

　일본 패망 이후 한국 광복군과 OSS이 미군의 명령을 대기할
수밖에 없는 상태에 들어가면서 사실상 모든 작전은 정지되었습

니다. 임시 정부는 중국 전구 미군과 OSS, 맥아더 사령부에 작전을 지속할 것과 임시 정부 및 한국 광복군의 조기 귀국을 요청했습니다. 또한 한국 광복군이 한반도 국내의 질서 유지를 위한 군대로서 큰 가치가 있으며 소련 점령 지역의 공산주의자들에 대항하여 효과적으로 싸울 수 있다는 것을 강조했습니다. 이 주장에 OSS도 동의했고 한국 광복군과의 합작 관계를 그대로 유지하고자 했습니다. 그러나 해방 이후 1945년 10월 1일, OSS 자체가 해체되면서 한국 광복군과 OSS의 공동 작전도 끝이 났습니다.

6장.
광복 후 임시 정부

大韓民國 臨時政府

조국으로 돌아가다

    서울에 사는 지방 출신 사람들이 생각하는 명절의 묘미는 양손에 선물 꾸러미를 들고 고향을 찾는 설렘입니다. 임시 정부는 27년 동안 타지에서 오로지 조국 독립의 날을 기다렸습니다. 귀향길의 설렘과 비교할 수는 없겠지만 임시 정부 또한 조국으로 돌아갈 때 이와 비슷한 감정을 느끼지 않았을까요?

    슬프게도 충칭에서 임시 정부가 누린 해방의 기쁨은 오래가지 못했습니다. 한반도 북쪽으로 진입한 소련군은 원산을 거쳐 1945년 8월 24일 평양을 점령했습니다. 그리고 다음 날 미군 일부는 인천으로 들어왔습니다. 미국은 소련군이 예상보다 빠른 속도로 남하하자 이를 견제하기 위해 38도선 분할 점령안을 소련에 제안했습니다. 소련은 미국과 갈등을 빚을 필요가 없다고 판단하

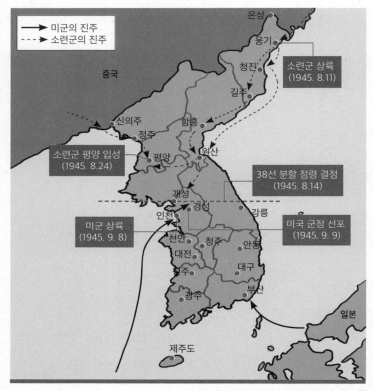

미군의 진주
소련군의 진주

중국

온성

웅기

청진

소련군 상륙
(1945. 8.11)

길주

신의주

함흥

정주

소련군 평양 입성
(1945. 8.24)

평양

원산

38선 분할 점령 결정
(1945. 8.14)

개성

경성

강릉

인천

미군 상륙
(1945. 9. 8)

미국 군정 선포
(1945. 9. 9)

천안

청주

안동

대전

대구

광주

부산

일본

제주도

한반도 남북에 각각 주둔한 미국과 소련

여 분할 점령안에 동의했습니다. 결국 일본군의 무장 해제를 구
실로 미국과 소련은 각각 38도선 남북에 주둔했습니다.

　미·소 양군이 주둔한 한반도에서는 어떤 일이 벌어졌을
까요?

광복 직후 미국과 소련에 의해 지배되는 한반도

　　1945년 9월 초 38도선 이남에 미군이 진주하여 조선 총독의 항복을 받았습니다. 미국은 곧바로 군정청을 설치하고 미군정만이 38도선 이남 한반도에서 유일한 정부라고 선언했습니다. 이에 따라 광복 직후 각 지역에서 자발적으로 수립된 정부와 자치 기구는 강제로 해산되거나 점차 영향력을 상실했습니다. 또한 미 군정청은 통치의 편의를 위해 일제 강점기 관리들을 그대로 기용하고 조선 총독부의 행정 체제를 활용하는 현상 유지 정책을 실시했습니다.

　　한편 38도선 이북에서는 사회주의자들이 주도하여 각지에 인민 위원회를 결성했습니다. 소련군은 행정권을 인민 위원회로 넘긴 후 간접 통치의 방식으로 이북 지역에 영향력을 행사했습니다. 그리고 소련군과 함께 귀국한 공산주의 세력을 후원하여 자국에 우호적인 정부를 수립하고자 했습니다.

　　교과서에는 해방 직후 임시 정부에 대해 "미국은 군정청을 설치하고 조선 인민 공화국, 대한민국 임시 정부 등을 인정하지 않았기 때문에 김구를 비롯한 임시 정부 요인들은 개인 자격으로 귀국했다."라고 나와 있습니다. 여기서 '개인 자격'이라는 표현에 주목해야 합니다. 개인 자격으로 귀국했다는 부분에서 임시 정부는 조국으로 돌아오는 환국마저도 어려움을 겪었다는 것을 짐작할 수 있습니다.

환국을 준비하는 임시 정부

여기서는 교과서에는 나오지 않는 임시 정부의 환국 이야기에 대해 알아보겠습니다. 충칭에서 임시 정부는 일본의 항복 소식을 접한 후 곧바로 대책을 협의했습니다. 임시 정부 국무 회의에서 의결한 내용은 다음과 같습니다.

1. 귀국해서 정권을 국민에게 봉환한다.
2. 귀국해서 반포할 당면 정책을 기초한다.
3. 대외 교섭을 빨리 전개하여 귀국 절차를 갖춘다.
4. 정부 및 의정원의 일절 문헌과 집물을 정리한다.
5. 제39차 의회 소집을 요구한다.

임시 정부는 정권을 국민에게 봉환한다는 전제하에 조속히 귀국한다는 방침을 정했습니다. 그리고 귀국과 관련된 문제는 의정원 회의를 통해 결정하기로 했습니다. 그러나 제39차 의정원 회의는 김구 측 우익 진영과 좌익 진영의 대립으로 인하여 순조롭게 진행되지 못했습니다. 의정원 회의에서 합의를 이루지 못하자 결국 임시 정부는 국무 회의의 결의대로 환국 방침을 결정했습니다.

일본이 항복 문서에 조인한 다음 날 임시 정부는 공식 입장을 밝혔습니다. 김구 주석 명의로 '국내외 동포에게 고함'이라는 제목의 성명서를 발표한 것인데, 이는 해방을 맞아 임시 정부가 향후 과제를 국민들에게 밝힌 것입니다.

우선 "민족의 각고하고도 장절한 노력에 의해 해방을 맞게 되었다."면서 "해방은 선열들의 보귀한 열혈의 대가이며 중·미·소·영 등 동맹군의 전공에 의한 것이다."라고 밝혔습니다. 다음으로 임시 정부는 앞으로 조국의 독립과 민족의 민주 단결을 완성하고 국제 간의 안전과 인류 평화를 증진하기 위한 당면 정책을 발표했습니다. 모두 14개 조항으로 된 당면 정책의 핵심 내용은 "임시 정부가 국내로 들어가 과도 정권을 수립할 때까지 정부로서의 역할을 수행한다."는 것이었습니다. 그리고 "과도 정권이 수립되면 임시 정부의 모든 것을 과도 정권에 인계한다."고 했습니다. 임시 정부는 과도 정권이 수립될 때까지 '정부'로서의 역할을 수행하겠다고 밝혔습니다.

중국과의 교섭에 나선 임시 정부

임시 정부가 귀국을 위해 가장 힘썼던 일은 무엇일까요? 바로 중국과의 교섭입니다. 임시 정부는 중국 영토 내에서 수립되었고 중국 국민당의 지원을 받아 활동했기 때문에 중국 측과의 교섭이 필수였습니다. 또한 충칭에서 국내로 환국하는 데 필요한 교통편은 물론이고 막대한 소요 경비를 중국 측에 의뢰해야 하는 현실적인 문제도 있었습니다.

이에 김구 주석은 중국 국민당 외교부장 우티에청과의 면담을 시작으로 공식적인 첫 교섭을 진행했습니다. 임시 정부는 이 교섭을 통해 소련군과 미군이 한반도에 상륙할 것이고 이들에 의해 신탁 통치가 실시된다는 사실을 알게 되었습니다. 임시 정부는 곧 내부 협의를 거쳐 중국 측에 비망록을 제출했습니다. 비망록에는 중국에 요청하는 일곱 가지 내용이 실려있었는데 그중 환국과 관련된 내용은 크게 네 가지입니다.

첫 번째는 임시 정부의 국제적 승인 문제였습니다. 국제적 승인 여부가 임시 정부의 위상은 물론이고 신탁 통치와 자주 독립 국가 수립에 커다란 영향을 줄 것으로 보았기 때문입니다. 두 번째는 교포 문제였습니다. 중국 각지에는 약 400만 명에 달하는 한국인이 있었고, 이들의 생명과 재산 보호 및 귀국이 주요한 과제였습니다. 세 번째는 일본군에 있는 한국인 사병에 대한 문제로 이들을 한국 광복군에 편입시키고자 했습니다. 네 번째는 환국에 필요한 교통 및 경비 문제였습니다.

김구는 비망록을 제출한 후 중국 국민당 장제스 관저를 직접 방문하여 그와 면담했습니다. 이때 임시 정부의 환국과 관련한 몇 가지 사항을 다시 요청했습니다. 김구는 임시 정부의 환국 문제를 조속히 해결하고 싶었기 때문에 장제스에게 빠른 환국을 위해 '형식과 명의에 구애하지 말고' 비공식이라도 임시 정부를 과도 정권으로 묵인해줄 것과 동시에 미국과 협상해달라고 요청했습니다. 임시 정부는 국내에 들어가면 과도 정권의 역할을 수행하기 위한

장제스가 김구에게 준 석별 기념사진

중국 국민당의 임시 정부 송별연

위상을 확보하고 싶었던 것입니다. 이러한 노력으로 임시 정부는 중국에게서 적지 않은 지원과 협조를 얻을 수 있었습니다. 임시 정부는 2차 세계대전 중 연합국의 승인을 얻지 못했지만 중국은 임시 정부가 정부 명의로 환국할 수 있도록 미국과 교섭에 나서주었습니다. 또한 정확한 규모나 액수는 알 수 없지만 환국에 필요한 경비를 적지 않게 지원해주었습니다.

미국과 임시 정부 간의 교섭

미국과 임시 정부 간의 교섭은 다양한 통로로 이루어졌습니다. 임시 정부는 주중 미국 대사관을 비롯하여 미 국무부와 미 대통령에게 교섭을 요청했고 중국 정부를 통해서도 교섭을 추진했습니다. 미국과의 교섭에서 가장 중점을 둔 것은 임시 정부를 승인받는 것이었습니다. 그러나 미국은 임시 정부를 승인하지 않았고 정부로서의 입국도 받아들이지 않았습니다. 한편 미국 정부와 별개로 한반도 이남 지역을 점령한 미군정은 임시 정부 인사들을 귀국시켜 고문으로 활용한다는 방침을 세웠습니다.

미국 정부는 미군정의 임시 정부 활용 방안에는 동의했지만 정부가 아닌 '개인 자격'으로 입국시켜 활용하라는 지시를 내립니다. 이 통보는 10월 7일 태평양 방면 미국 육군 부대 총사령관인 맥아더에게 전달되었고, 미군정은 상하이에서 임시 정부와 직접

교섭에 나섰습니다. 미군정은 임시 정부가 개인 자격으로 귀국한
다는 서약서에 서명하기를 요구했습니다.

　　상하이에 와있던 임시 정부는 국무 회의를 개최하고 미군정
의 제안을 논의했습니다. 미군정의 서명 요구에 모욕을 느꼈지만
임시 정부 인사들이 모두 귀국하는 것은 정부로 귀국하는 것과 동
일하고 서명은 입국을 위한 임시 방편일 뿐이라는 의견이 주류를
이루었습니다. 일부 인사들은 미군정이 철수한 뒤에 환국하자는
의견을 내기도 했지만, 결국 서명을 피할 수 없다는 쪽으로 의견
이 모아졌고 '개인 자격으로 귀국한다'는 서약서를 제출했습니다.

　　미군정은 해방된 지 두 달이 지날 때까지 중국에 있는 임시
정부에 대해 아무런 조치도 취하지 않다가 귀국을 허용했습니다.
임시 정부라는 이름이 아닌 개인 자격으로 말입니다. 또한 미군정
은 임시 정부 요인들이 귀국한다는 사실을 국민에게 알리지도 않
았습니다. 철저히 임시 정부의 정치적 영향력을 제한하고 축소하
려 했던 것입니다.

험난한 임시 정부의 환국

　　지금부터 초라하다 못해 쓸쓸했던 임시 정부 환국의 길을 따
라가보겠습니다. 임시 정부의 환국은 충칭에서 상하이로 이동하
고, 다시 상하이에서 국내로 입국하는 방향으로 추진되었습니다.

당시 충칭에 거주하고 있던 임시 정부 직원과 가족의 수는 대략 500명이었습니다. 그런데 당시 교통 상황으로는 500명이 한꺼번에 이동할 수 없었습니다. 충칭에 있던 중국 정부와 부속 기관, 그 인원들도 한꺼번에 이동했기 때문에 비행기는 물론이고 버스나 선박도 구하기 어려웠습니다. 이에 가족이 없는 국무위원과 정부의 주요 요인들이 먼저 출발하고 나머지는 충칭에서의 생활을 정리하는 대로 교통편을 마련하여 귀국 날짜를 조정하기로 했습니다. 충칭에서 상하이까지는 중국이, 상하이에서 국내로 이동하는 것은 미국이 부담하기로 결정했습니다.

임시 정부의 환국은 임시 정부 요인들이 충칭에서 상하이로 이동하면서 본격적으로 시작되었습니다. 1945년 11월 5일 중국이 제공한 비행기 2대로 29명이 상하이로 이동했습니다. 그러나 이들은 곧바로 입국할 수 없었습니다. 미국이 요구한 '개인 자격'을 둘러싸고 논란이 있었기 때문입니다.

개인 자격으로 귀국한다는 서약서에 동의한 후에야 미군은 15인승 비행기 1대를 보내왔습니다. 좌석이 모자라 김구 주석과 김규식 부주석을 비롯한 15명이 제1진으로 11월 23일에, 조소앙·홍진·김원봉 등은 12월 2일에 서울에 도착했습니다.

임시 정부 직원과 가족들은 1946년이 되어서야 귀국할 수 있었습니다. 1946년 1월 제1차 귀환으로 250명이 버스 10대에 나눠 타고 충칭을 떠나 한 달여 만에 상하이에 도착했습니다. 이후 교통편이 마련되면서 세 차례에 걸쳐 귀환했습니다. 제2차 귀환으

임시 정부 환국 기념사진

로 김원봉 계열의 조선 민족 혁명당 인사들과 충칭 교민 40여
명이, 제3차 귀환으로 충칭에 영구 거주를 희망하는 7~8명을
제외한 20명이 채 안 되는 인원이 배편으로 충칭을 떠났습니
다. 마지막 제4차 귀환은 중국 각지에서 한국 광복군으로 편입
된 한국인 청년 80여 명이 충칭에 도착하면서 시작되었습니다.
이들이 1946년 7월 배편으로 충칭을 떠나면서 임시 정부 요인
들과 가족들의 귀환은 끝을 맺게 됩니다.

개인 자격으로 환국하는 임시 정부 요인들

상하이에 도착한 임시 정부 요인들

충칭을 떠나 상하이에 도착한 이들은 이번에는 국내로 들어가는 배편을 기다려야 했습니다. 1차로 충칭을 떠난 사람들은 육로와 배편을 이용하여 한 달여 만에 상하이에 도착했지만 4월 26일석 달여를 기다리고 나서야 고국으로 들어가는 함정을 탈 수 있었습니다. 이들은 1946년 4월 29일 드디어 부산항에 도착했고, 4일에 걸친 상륙 수속을 거친 후 비로소 고국 땅을 밟았습니다.

임시 정부, 환국을 환영받다

임시 정부 요인들의 환국 소식이 알려지자 시민들은 김구 주석의 거처인 서울 경교장에 몰려들었습니다. 서대문 길이 인산인해를 이루었고 사람들은 임시 정부를 연호하며 환영의 뜻을 표시했습니다.

신문들도 임시 정부 환국 사실을 주요 기사로 다루었고 연일 임시 정부 요인들과의 인터뷰 기사를 실었습니다. 연합국 환영회 본부가 서울운동장에서 개최한 대한민국 임시 정부 귀국 환영회(봉영회)에는 3만여 명의 인파가 모였습니다.

한국 민주당의 송진우, 국민당의 안재홍 등 국내에서 활동하던 수많은 단체와 주요 인사들이 임시 정부 요인을 방문하거나 귀국 환영 담화를 발표했습니다. 임시 정부의 귀국을 환영하는 행사가 전국 곳곳에서 열렸습니다.

서울운동장에서 개최된 임시 정부 환국 봉영회

임시 정부의 환국 소식을 실은 서울신문

임시 정부는 개인 자격으로 돌아왔지만 국내에 들어온 뒤에는 정부로서 활동을 하고자 했습니다. 1945년 12월 3일 임시 정부 요인들이 모두 경교장에 모였습니다. 제1진과 제2진으로 귀국한 임시 정부 국무위원 전원과 미국에서 귀국한 이승만이 참석했습니다. 당시 신문들은 이날의 모임을 "환국 후 전 각료가 모여 최초의 국무 회의를 열었다."고 보도했습니다. 국내 정세에 대한 보고를 듣는 이 회의를 시작으로 임시 정부는 정부로서의 공식적인 활동을 시작했습니다.

12월 19일 서울운동장에서 열린 대한민국 임시 정부 개선 전국 환영회에 각 정당 및 사회 단체를 비롯하여 15만 명의 국민들이 참가했습니다. 이 행사에서 임시 정부는 스스로 정부임을 내세우지는 않았지만 '독립 주권 창조', '자주·평등·행복의 신한국 건설' 등의 표현을 사용하며 정부로 활동하려는 의도를 내비쳤습니다. 그러나 미군정은 한국인이 만든 모든 행정 조직을 인정하지 않았습니다. 따라서 임시 정부는 정부의 역할을 능동적으로 수행할 수는 없었습니다.

좌우익 세력의 갈등에 휘말리다

1945년 8월 15일, 35년간의 일제 강점기가 끝난 한반도에서는 어떤 일이 벌어졌을까요? 당시 서울 주재 소련 영사의 부인 피나 샤브시나는 그날을 이렇게 기록했습니다.

8월 15일 서울은 마치 쥐 죽은 듯 고요했다. 시민들은 일본의 항복을 알고 있었다. 그러나 많은 사람들은 그 사실을 믿을 수 없었다. 그냥 기다렸다. 기쁨과 희망의 감정을 억누르면서. 그날은 그렇게 지나갔다. 그러나 다음 날 모든 것이 바뀌었다. 환희에 가득 찬 사람들의 거대한 물결이 온 시내, 온 나라를 뒤덮었다. 어제까지만 해도 텅 비고 조용하기만 했던 서울. 수많은 사람이 파도처럼 광장과 거리와 골목을 가득 메웠다. 끝없는 흰

바다가 흔들리며 들끓는 듯했다.

광복으로 인해 서울 거리는 해방의 기쁨을 한껏 안은 시민
들로 넘쳐났습니다. 누군가가 만세를 선창하자 화답하는 만세 소
리가 메아리처럼 되돌아왔습니다. 행렬에 행렬이 이어졌습니다.

우리는 광복 이후부터 대한민국 정부가 수립되기 전(1945년 8월
15일~1948년 8월 15일)까지를 '해방 3년사'라고 부릅니다. 이 시기는
민족 해방 운동의 결산기이자 남북 분단의 구조가 형성되던 시기
였습니다. 국제적으로는 미국과 소련의 한반도 분할 점령이 이루
어졌고, 국내에서는 정치 세력 간에 진보 대 보수, 혁명 대 반혁명
의 치열한 노선 투쟁이 전개되었습니다. 그러면 광복 직후의 국내
상황을 좀 더 구체적으로 살펴보겠습니다.

남북으로 나뉜 한반도, 좌우로 나뉜 남한

광복이 되자 주요 인사들은 본격적으로 정치 활동에 뛰어들
었습니다. 송진우, 김성수, 조병옥 등은 한국 민주당을 결성하여 우
익 세력의 중심이 되었고, 박헌영 등 좌익 인사들은 조선 공산당을
중심으로 활동했습니다. 해외에서 활동하던 인사들도 속속 귀국
했습니다. 미국에서 돌아온 이승만은 지지 세력을 모아 독립 촉성
중앙 협의회를 결성했습니다. 중국에서는 김구 등 임시 정부 요인

들이 개인 자격으로 입국했고 이들은 한국 독립당을 중심으로 신
국가 건설을 준비했습니다.

그러나 미군과 소련군이 한반도를 분할 점령한 상태에서 이
들의 정치 활동은 제한적일 수밖에 없었습니다. 또한 각 정치 세력
들은 이념적 지향에 따라 정부 수립 방법, 친일파 청산, 토지 개혁
방식 등 주요 정치적 사안에 대해 서로 다른 태도를 보였기 때문
에 갈등이 생겨날 수밖에 없었습니다.

이러한 상황에서 해방 직후 국내 좌우 세력의 갈등을 심화
시키고 남한 정국을 양분하는 큰 사건이 발생합니다. 이 사건은
한국사 시험의 단골 출제 문제이기도 합니다. 바로 1945년 12월
16~25일에 개최된 '모스크바 3국 외상 회의'입니다.

한반도 운명을 바꾼 모스크바 3국 외상 회의

모스크바에 모여 한국 독립 문제를 협의한 미국·영국·소련
의 외무장관들이 한반도 문제에 관한 결정 사항을 발표했습니다.

첫째, 한국을 독립 국가로 재건하기 위해 민주주의적 임시 정
부를 수립한다.
둘째, 한국 임시 정부 수립을 위해 미·소 공동 위원회를 설치한다.
셋째, 미국, 영국, 중국, 소련의 4개국이 공동 관리하는 최고 5

년 기한의 신탁 통치를 시행한다.

그런데 모스크바 3국 외상 회의 결과가 한국에 처음 알려졌을 때는 전체 내용이 아니라 '신탁 통치 결정'만 집중적으로 부각되었습니다. 이는 당시 일부 신문사들의 잘못된 보도가 큰 영향을 미쳤습니다. 동아일

모스크바 3국 외상 장관 회의를
보도한 신문 기사

보는 모스크바 3국 외상 회의의 결과가 공식 발표되기도 전에 소련이 38도선 분할을 구실로 신탁 통치를 주장한 반면 미국은 즉각 독립을 요구했다고 사실과 다르게 보도했습니다. 그 결과 신탁 통치 문제로 한반도는 극심한 좌우 대립과 갈등 속으로 빠져들었습니다.

당시 많은 사람들은 신탁 통치가 다시 식민 시대로 돌아가는 것이라고 생각했습니다. 우익은 이를 이용하여 신탁 통치 반대 운동을 반소·반공 운동으로 몰아가며 세력을 확대했습니다. 김구와 이승만도 신탁 통치 반대 운동에 적극 나섰습니다. 좌익은 임시 정부 수립이 중요하다고 주장하면서 모스크바 3국 외상 회의 결정을 총체적으로 지지했습니다. 가장 시급한 것은 좌우 대립을 막고 통일 정부를 세우는 것이라 주장했습니다.

여운형 등의 중도 세력들은 임시 정부를 세우기 위한 미·소

신탁 통치에 절대 반대하는 우익　　　　　모스크바 3국 외상 회의 결정에
　　　　　　　　　　　　　　　　　　　절대 지지하는 좌익

공동 위원회에는 적극 협조했지만 신탁 통치는 반대했습니다. 이
로써 남한 정국은 '신탁 통치 절대 반대'를 주장하는 우익과 '모스
크바 3국 외상 회의 결정 절대 지지'를 주장하는 좌익으로 양분되
어 격렬하게 대립했습니다.

혼란 수습을 위한 임시 정부의 아쉬운 행보

　그러면 임시 정부는 이 혼란을 수습하기 위해 어떤 노력을 했
을까요? 당시 임시 정부의 역할에 많은 아쉬움이 남습니다.
　임시 정부 요인들이 입국한 1945년 하순부터 이듬해 2월 중

순까지 약 3개월 동안 임시 정부는 국민적 지지를 바탕으로 민족 통일 전선 형성에 주도적인 역할을 할 수 있었지만 기회를 제대로 활용하지 못했습니다. 임시 정부가 귀국 초기와 달리 입지가 급격히 약화된 이유는 무엇일까요?

임시 정부는 충칭에서 해방을 맞이했을 때부터 스스로 정부임을 내세워 과도 정부 수립의 주체가 되고자 했습니다. 이에 임시 정부는 귀국 후 통일 전선을 이루기 위해 꼭 필요한 조선 공산당 등을 협상 대상으로 인정하지 않는 한계를 보였습니다. 그리고 모스크바 3국 외상 회의에 제대로 대응하지 못했습니다. 임시 정부는 신탁 통치 반대 정국을 이용하여 과도 정부 수립을 최대한 앞당기려고 했습니다. 결과적으로 과도 정부 수립은 실패로 끝났고 통일 전선의 형성 또한 좌우 대립으로 어렵게 되었습니다.

귀국 후 임시 정부의 가장 큰 한계는 바로 김구를 비롯한 임시 정부 요인들이 국내외 정세를 제대로 파악하지 못한 것입니다. 임시 정부는 27년이라는 오랜 망명 생활로 국내 정세에 어두웠고 국내에 독자적인 조직 기반과 정보 수집력을 가지고 있지 못했습니다. 또한 미국은 임시 정부를 독립 운동 단체로만 인식했고, 소련은 임시 정부의 친중·친미적 태도에 거부 반응을 보였습니다. 중국은 국공 내전이 임박하면서 임시 정부를 후원할 수 없었습니다. 한마디로 임시 정부는 국제적으로 고립되어있는 상태였습니다.

이러한 위기를 임시 정부는 극복했을까요? 임시 정부는 3·1운동을 계승한 망명 정부로서 27년간 일제와 투쟁해왔다는 법통성과 신탁 통치 반대와 함께 절대 독립이라는 명분을 내세웠습니다. 임시 정부는 국내외적으로 불리한 상황을 국민적 지지를 통해 극복하고자 했던 것입니다.

하지만 임시 정부의 계획은 뜻대로 이루어지지 않았습니다. 임시 정부가 중심이 된 과도 정부 수립은 실패했고 명분론에 대한 집착은 좌익 세력을 포용하지 못했습니다. 결국 임시 정부는 좌익과 우익의 대립을 막지 못하고 여러 우익 세력 중 하나가 되어 버렸습니다.

통일 정부 수립에 앞장서다

의견 차이가 좁혀지지 않는 정부 수립 과정

모스크바 3국 외상 회의의 결정 사항을 두고 좌익과 우익이 대립하고 있는 상황에서 1946년 2월 북한에서는 사실상 정부 역할을 담당한 북조선 임시 인민 위원회가 출범했습니다. 그리고 1946년 3월 미국과 소련은 모스크바 3국 외상 회의의 결정 사항을 이행하기 위해 제1차 미·소 공동 위원회를 개최했습니다.

그러나 미국과 소련은 미·소 공동 위원회와 협의에 참여할 단체의 범위를 놓고 첨예하게 대립했습니다. 소련은 모스크바 3국 외상 회의의 결정에 반대하는 세력은 참여시킬 수 없다고 주장했고, 미국은 신탁 통치에 반대하더라도 참여를 원하는 단체는

모두 협의의 대상으로 인정해야 한다고 주장했습니다. 결국 양측의 의견 대립으로 미·소 공동 위원회는 5월 이후 무기한 휴회에 들어갔습니다.

미·소 공동 위원회의 휴회 기간 중이었던 1946년 6월 이승만은 통일 정부 수립이 어렵다면 남한만이라도 정부를 수립해야 한다는 '정읍 발언'을 발표하여 큰 반향을 불러일으켰습니다. 단독 정부 수립 주장까지 나오자 김규식, 여운형 등 중도파들은 좌우 합작 위원회를 설치하여 통일 정부 수립 운동을 전개했습니다.

1946년 10월 좌우 합작 위원회는 '모스크바 3국 외무 장관 회의 결정에 따른 통일 임시 정부 수립, 유상 매상과 무상 분배 원칙하의 토지 개혁, 반민족 행위자 처벌' 등을 주요 내용으

로 하는 좌우 합작 7원칙
에 합의했습니다. 김구는
좌우 합작 7원칙을 "8·15
이후 민족이 거둔 최대 수
확"이라며 지지 성명을 발
표했지만 제2차 미·소 공
동 위원회가 재개되자 불
참을 선언했습니다.

좌우 합작 위원회의 위원들

　　이승만과 한국 민주당 등의 우익은 좌익과의 협조 자체를 거
부했습니다. 박헌영이 이끄는 좌익은 무상 몰수·무상 분배의 토지
개혁과 친일파 즉각 청산을 요구하며 반대했습니다. 결국 이 운동
은 좌우익 주요 인물들이 참여하지 않았고, 1947년 7월 여운형마
저 암살되자 흐지부지되었습니다.

　　좌우 합작 운동이 진행되던 1947년 5월에 제2차 미·소 공동
위원회가 개최되었으나 양측의 의견을 좁히지 못한 채 막이 내렸
고, 이로써 미국과 소련이 합의를 통해 정부를 수립하려던 계획은
무산되었습니다.

유엔으로 넘겨진 한반도 문제

　　미국은 한반도 문제를 자신의 영향력 아래 있는 국제연합(이

하 유엔)을 통해 유리하게 해결하려 했습니다. 소련은 이에 맞서 미·소 양군의 철수와 한국인 스스로 정부를 수립하도록 맡기자고 주장했습니다. 1947년 11월 유엔은 소련이 불참한 가운데 총회를 열었고, 유엔 총회는 남북한에서 총선거를 실시하여 통일 정부를 수립한 후 미·소 양군을 철수하자는 미국의 제안을 통과시켰습니다.

이듬해 초 유엔은 한반도에서의 총선거 실시와 정부 수립을 감시하기 위해 9개국 대표로 구성된 유엔 한국 임시 위원단을 결성하여 한국에 파견했습니다. 1948년 1월 유엔 임시 위원단이 활동을 시작했지만 소련과 북한은 그들이 38선 이북으로 들어오는 것을 허락하지 않았습니다. 유엔 임시 위원단은 남쪽에서 이승만, 김성수, 김구, 김규식을 만났습니다. 이때 의견이 크게 둘로 갈라졌습니다.

김구와 임시 정부 요인들은 미·소 양군을 즉시 철수하고 유엔 감시 아래 남북 지도자들이 합의하여 총선거를 실시한 후 통일된 완전 자주 정부를 수립할 것을 요구한 반면 이승만과 김성수 등은 남한만의 단독 선거를 주장하며 김구를 공격했습니다. 이에 김구는 '삼천만 동포에게 읍고함'이란 성명서를 발표해 자신의 입장을 피력했습니다.

김구는 이승만과 함께 신탁 통치 반대 운동을 전개했지만 남한에서만 단독 정부를 수립하는 것에는 반대했습니다. 김구는 남북한 모두 각각 단독 정부 수립을 위한 준비를 거의 마친 것을 알고 있었습니다. 하지만 통일 조국에 대한 희망을 버릴 수 없었고 통일 정부를 향한 비장한 각오를 밝혔던 것입니다.

정부 수립을 둘러싼 갈등

유엔은 한반도 전 지역에서 총선거를 실시하는 것이 현실적으로 불가능하다고 판단했습니다. 이에 1948년 2월 26일 유엔 소총회는 선거가 가능한 남한 지역에서만이라도 총선거를 실시하도록 결의했습니다. 남한만의 단독 선거가 결정된 것입니다. 미군정은 선거일을 5월 10일로 결정했지만 국민 대다수가 단독 선거에 반대했고 좌익 세력은 단독 선거 반대 투쟁 위원회를 결성하여 반대 투쟁에 나섰습니다.

이승만과 한국 민주당은 남한에서만 총선거를 실시한다는 유엔의 결정을 환영했습니다. 3월 12일 김구를 비롯한 김규식, 김창숙, 조소앙, 조성환, 조완구, 홍명희 등 임시 정부 요인들은 '7거두 성명'을 통해 단독 정부를 수립하면 "남북의 우리 형제 자매가 미·소 전쟁의 전초전을 개시하여 총검으로 서로 대하게 될 것이 명약관화한 일"이라면서 단독 선거에 출마하지 않겠다고 발표했습니다. 민족 분단이 동족상잔을 불러올 것이라는 이들의 우려는 결국 6·25전쟁으로 나타났습니다.

물론 긍정적인 부분도 있었습니다. 남한 단독 선거가 결정되면서 정부 수립 문제는 중대한 고비를 넘을 수 있었습니다. 유엔의 결정은 신탁 통치를 거치지 않고 즉시 국가를 건설할 수 있다는 점에서 우리에게 유리한 측면도 있었습니다.

반쪽짜리 선거, 한반도 분단을 만들다

민족의 분단을 막고 통일 정부를 수립하고자 김구와 김규식은 김일성과 김두봉에게 남북 협상을 제안했고, 1948년 4월 평양에서 남북 협상 회의(남북한 정치 지도자 회담)가 개최되었습니다. 양측 지도자들은 외국 군대 즉시 철수, 외국 군대 철수 후 내전 발생 부인, 전조선 정치 회의 구성 후 총선거를 통한 통일 정부 수립, 남한 단독 선거 절대 반대 등의 내용을 담은 공동 선언문을 채택했습니다.

남북 협상을 하기 위해
38도선을 넘는 김구 일행

그러나 남북한 지역 모두 정부 수립을 위한 준비가 진행되고 있었기 때문에 실질적인 성과를 얻기 어려웠습니다. 서울로 돌아온 김구와 김규식은 통일 정부 수립 운동을 펼쳤지만 남한만의 단독 선거는 예정대로 실시되었습니다.

1948년 5월 10일 우리 역사상 최초로 '직접, 평등, 비밀, 보통 투표'의 원칙을 바탕으로 하는 총선거가 시행되었습니다. 이에 앞서 김구, 김규식 등 남북 협상 참가 세력과 일부 중도계 인사들은 단독 정부 수립에 반대하며 참여를 거부했고 좌익 세력은 일부 지역에서 단독 선거 반대 투쟁을 전개했습니다.

예정대로 진행된 총선거는 95.5퍼센트라는 높은 투표율을 기록했고, 198명의 제헌 국회의원이 선출되었습니다. 제헌 국회 의정원은 300명이었으나 100명은 통일 정부 수립을 염두에 두고 추후 38도선 이북 지역에서 선출하기로 했고, 제주도 2개 선거구에서는 제주 4·3 사건으로 인해 국회의원 선출이 불가능했습니다.

제헌 국회는 국호를 '대한민국'으로 정하고, '삼권 분립, 다당제, 대통령 간선제' 등을 내용으로 하는 헌법을 7월 17일에 공포했습니다. 이어 국회에서 간접선거를 통해 이승만을 대통령으로, 이시영을 부통령으로 선출했습니다. 이승만 대통령은 1948년 8월 15일 '대한민국 정부 수립'을 국내외에 선포했습니다.

같은 해 12월 12일 유엔 총회에서는 대한민국 정부가 유엔 감시하의 선거로 한반도에서 성립한 유일한 합법 정부임을 승인했습니다. 한편 북한에서는 9월 9일 또 하나의 단독 정부인 '조선 민주주의 인민 공화국'을 수립했습니다. 이로써 남과 북에 각각의 단독 정부가 세워짐으로써 38도선을 경계로 한 분단은 현실이 되고 말았습니다.

5·10 총선거 포스터

직접·평등·비밀·보통 투표의 원칙을 바탕으로 한 5·10 총선거

임시 정부 핵심 요인들의 입지

그러면 임시 정부에서 활동했던 인물들은 대한민국 정부에서 얼마나 활동했을까요? 남한만의 단독 선거에 반대한 김구를 비롯한 많은 임시 정부 요인들이 선거에 불참했기 때문에 그 수가 많지는 않습니다. 임시 정부 출신 비율이 가장 높았던 초대 내각의 경우만 하더라도 전체 구성원 16명 중 임시 정부 출신은 대통령 이승만, 부통령 이시영, 국회의장 신익희, 국무총리 겸 국방부장관 이범석, 무임소장관 지청천 등 5명에 불과했습니다. 초대 내각 구성원의 1/3도 안 되는 수입니다. 더욱이 충칭 임시 정부를 상징하는 인물이라 할 수 있는 김구, 김규식, 김원봉, 홍진, 조소앙 등 핵심 인물들이 1명도 참여하지 않았습니다.

결국 안타깝게도 해방 이후 수립된 대한민국 정부를 실제로 움직인 핵심 각료는 임시 정부의 정신을 계승한 인물들이 아니었습니다.

대한민국 임시 정부,
대한민국으로 이어지다

1948년 8월 15일 대한민국 정부가 수립되었습니다. 일부에서는 이를 두고 대한민국이 건국된 것이라고 주장하기도 하지만 단언컨대 이는 잘못된 주장입니다.

대한민국은 1919년 4월 11일 상하이에서 처음 탄생했습니다. 대한민국 임시 정부는 '대한민국'이라는 국가와 '임시 정부'라는 두 가지 뜻을 가지고 있습니다. 대한민국이란 국가를 세우고, 이를 유지 운영하기 위한 정부로 임시 정부를 세웠다는 것입니다. 결국 1948년에 수립된 대한민국 정부는 대한민국 임시 정부를 계승하여 재건한 것입니다.

5·10 총선거에 의해 선출된 의원들의 첫 번째 과제는 헌법 제정이었습니다. 따라서 초대 국회를 '제헌 국회'라고 부릅니다.

1948년 5월 31일 제헌 국회 개원식에서 임시 정부 문제가 대두되었습니다. 그날 연장자로 임시 의장에 선출된 이승만이 개회사를 하면서 대한민국 임시 정부를 재건하자고 제의했습니다. 이승만은 개회사에서 3·1운동으로 임시 정부를 세웠다는 사실과 함께 이 국회에서 건설되는 정부는 기미년에 수립한 임시 정부를 계승하여 수립할 것을 강조했습니다.

이승만은 새로운 국가 건설이나 새로운 정부를 세우자고 하지 않았습니다. 제헌 국회에서도 수립할 정부는 대한민국 임시 정부를 계승하고 이를 부활하는 것이라고 했습니다. 연호도 임시 정부에서 사용한 '대한민국'을 그대로 사용하기로 했습니다. 이러한 주장에 별다른 논의나 이견이 없었습니다.

이승만은 1948년 7월 24일 대통령에 취임한 후 대통령 문서를 발행할 때 '대한민국 30년'이라고 썼습니다. 여기에서 '30년'은 임시 정부가 수립되었던 해인 1919년부터 계산한 것입니다. 이것은 임시 정부와 대한민국 정부는 같은 존재로 대한민국 정부가 임시 정부를 계승하여 재건된 것이라는 의미였습니다. 제헌 헌법 전문에도 이런 사실을 분명하게 확인할 수 있습니다.

대한민국의 제헌 헌법

우리들 대한 국민은 기미 3·1운동으로 대한민국을 건립하여 세계에 선포한 위대한 독립 정신을 계승하여, 이제 독립 국가를 재건함에 있어서 (……) 자유로이 선거된 대표로서 구성된 국회에서 단기 4281년 7월 12일 이 헌법을 제정한다.

제1조 대한민국은 민주 공화국이다.
제2조 대한민국의 주권은 국민에게 있고 모든 권력은 국민으로부터 나온다.

– 대한민국 관보 제1호(1948. 9.)

제헌 헌법은 3·1운동에 이어 건립된 대한민국 임시 정부를 계승한다고 표방하고 있습니다. 국호에 대한 논의도 있었으나 대한민국 임시 정부를 계승하고 있기 때문에 대한민국으로 했습니다.

1987년 개정된 현행 헌법에서도 대한민국 정부가 대한민국 임시 정부의 법통을 계승한 사실을 분명히 밝히고 있습니다. 전문에는 "유구한 역사와 전통에 빛나는 우리 대한국민은 3·1운동으로 건립된 대한민국 임시 정부의 법통과 불의에 항거한 4·19 민주 이념을 계승하고 (……)"라고 되어있습니다.

대한민국 임시 정부가 수립된 지 100년이 지난 지금, 우리는 그들이 꿈꾸던 나라와 그 나라를 만들기 위한 27년간의 노력을 살펴보았습니다. 지금 우리들의 대한민국은 이런 인고의 과정을 거쳐 탄생한 것임을 절대 잊어서는 안 됩니다.

대한민국 임시 정부의 활동으로 우리는 독립을 이룰 수 있었습니다. 조국 독립을 위해 목숨을 걸고 싸운 애국선열의 오롯한 희생에 존경과 감사를 표합니다.

참고 문헌

- 김구(독립 운동가) 저, 도진순 역, 《백범일지》, 돌베개, 2005.
- 고정휴, 김주용 외 3명 저, 《대한민국 임시 정부의 현대사적 성찰》, 나남, 2010.
- 국사편찬위원회, 《한국사 48: 임시 정부의 수립과 독립 전쟁》, 2001.
- 국사편찬위원회, 《한민족독립운동사 7: 대한민국 임시 정부》, 1990.
- 김희곤, 《대한민국 임시 정부 I : 상해시기》, 한국독립 운동사편찬위원회, 2008.
- 한시준, 《대한민국 임시 정부 II : 장정시기》, 한국독립 운동사편찬위원회, 2008.
- 한시준, 《대한민국 임시 정부 III : 중경시기》, 한국독립 운동사편찬위원회, 2009.
- 윤대원, 《상해시기 대한민국 임시 정부 연구》, 서울대학교출판부, 2006.
- 한시준, 《한국광복군연구》, 일조각, 1993.
- 고정휴, '대한민국 임시 정부의 통합정부 수립운동에 대한 재검토', 〈한국 근현대사 연구〉13, 한국근현대사학회, 2000.
- 고정휴, '해방 직후 대한민국 임시 정부의 노선과 통일운동', 〈한국 근현대사 연구〉36, 한국근현대사학회, 2006.
- 김광재, '한국 광복군의 한미공동작전과 의의', 〈군사〉52, 국방부 군사편찬연구소, 2004.
- 김광재, '韓國光復軍의 한미합작훈련에 대한 임정 내부 및 각국의 반응', 〈사학연구〉 3, 한국사학회, 2004.
- 김명섭, '대한민국 임시 정부는 왜 상해 프랑스 조계에 수립되었나?', 〈국

제정치논총〉8, 한국국제정치학회, 2008.

· 김상기, '尹奉吉 上海義擧의 국내외적 영향과 의의', 〈한국독립 운동사연구〉1, 독립기념관 한국독립운동사연구소, 2018.

· 김수자, '이승만은 왜 두 번이나 대통령 자리에서 쫓겨났나?', 〈내일을 여는 역사〉0, 내일을 여는 역사, 2007.

· 김창수, '韓人愛國團의 成立과 活動', 〈한국독립운동사연구〉, 독립기념관 한국독립운동사연구소, 1988.

· 김희곤, '윤봉길 현양 자료를 통해 본 상해의거의 역사적 의미', 〈한국독립운동사연구〉 43, 독립기념관 한국독립운동사연구소, 2012.

· 김희곤, '한국 독립 운동사에서 상해가 가지는 역사적 의미', 〈한국 근현대사 연구〉 75, 한국근현대사학회, 2005.

· 박민영, '한국 광복군 印緬戰區工作隊 연구', 〈한국독립운동사연구〉 33, 독립기념관 한국독립운동사연구소, 2009.

· 손옥매, 김미화(역) '상해에서의 대한민국 임시 정부의 외교활동', 〈정책과학연구〉14, 단국대학교 정책과학연구소, 2004

· 양동안, '1948년의 남북협상에 관한 연구', 〈한국학〉33, 한국학중앙연구원, 2010.

· 유병호, '대한민국 임시 정부의 안동 교통국과 怡隆洋行 연구', 〈한국민족운동사연구〉62, 한국민족 운동사학회, 2010.

· 윤대원, '1940년대 한국 광복군 여성대원들의 입대동기와 역할', 〈유관순연구〉3, 백석대학교 유관순연구소, 2004.

· 윤대원, '대한민국 임시 정부 수립일과 기념식 다시 보기', 〈역사비평〉, 역사비평사, 2018.

· 윤대원, '일제의 김구 암살 공작과 밀정', 〈한국독립운동사연구〉 61, 독립기념관 한국독립운동사연구소, 2018.

- 윤대원, '한국 광복군 국내지대의 결성과 활동', 〈한국독립운동사연구〉49, 독립기념관 한국독립운동사연구소, 2014.
- 윤정란, '일제 말기 한국 광복군 여성대원들의 활동 양상 ', 〈여성학논집〉23, 이화여자대학교 한국여성연구원, 2006.
- 이신철, '1948년 남북협상직후 통일운동세력과 김구의 노선변화에 관한 연구', 〈한국사학보〉11, 고려사학회, 2001.
- 이용중, '대한민국 임시 정부의 지위와 대일항전에 대한 국제법적 고찰', 〈국제법학회논총〉 54, 대한국제법학회, 2009.
- 이현주, '1942년 조선민족혁명당의 임시 의정원 참여와 노선투쟁', 〈한국독립운동사연구〉33, 독립기념관 한국독립운동사연구소, 2009.
- 이현희, '제4장 윤봉길 의사 상해의거의 역사성', 〈민족사상〉2, 한국민족사상학회, 2008.
- 장화, '일제 침략기 한국인의 중국 군관학교 교육과 그 의의', 〈통일인문학〉54, 독립기념관 한국독립운동사연구소, 2018.
- 정병준, '대한민국 임시 정부의 전후구상과 환국', 〈한국독립 운동사연구〉52, 독립기념관 한국독립운동사연구소, 2015.
- 조형열, '대한민국 임시 정부 수립 기념일의 제정과 법통', 〈내일을 여는 역사〉73, 재단법인 내일을 여는역사재단, 2018.
- 한상도, '제2차 세계대전기 김원봉의 임시 정부 참여와 통합임정 체제 내의 동향', 〈한국독립 운동사연구〉44, 독립기념관 한국독립운동사연구소, 2013.
- 한시준, '대한민국 임시 정부와 프랑스', 〈한국 근현대사 연구〉77, 한국근현대사학회, 2016.
- 한시준, '대한민국 임시 정부의 국내진입 구상 : 해방 직전 해외 무장세력과의 연계를 중심으로', 〈한국 근현대사 연구〉21, 한국근현대사학회, 2002.

- 한시준, '대한민국 임시 정부 수립기념일, 바로잡아야', 〈한국 근현대사 연구〉44, 한국근현대사학회, 2016.
- 한시준, '대한민국 임시 정부의 국내 정보활동', 〈한국 근현대사 연구〉15, 한국근현대사학회, 2000.
- 한시준, '대한민국 임시 정부의 환국', 〈한국 근현대사 연구〉25, 한국근현대사학회, 2003.
- 한시준, '상해의 임시 정부 청사 소재지에 관한 고찰', 〈한국 근현대사 연구〉4, 한국근현대사학회, 1996.
- 한시준, '尹奉吉의사의 홍구공원의거에 대한 중국신문의 보도', 〈한국 근현대사 연구〉32, 한국근현대사학회, 2009.
- 한시준, '이봉창 의거에 대한 중국신문의 보도', 〈한국 근현대사 연구〉 36, 한국근현대사학회, 2006.
- 한시준, '중경시기 대한민국 임시 정부의 위상과 역할', 〈한국독립 운동사 연구〉33, 독립기념관 한국독립운동사연구소, 2009.
- 한지헌, '1920년대 초반 조선 총독부의 대한민국 임시 정부에 대한 인식과 정책', 〈한국 근현대사 연구〉30, 한국근현대사학회, 2004.

사진 출처

- 본문에 사용한 사진은 독립기념관, 백범기념관, 윤의사기념관, 이승만연구원, 현대한국학연구소, 국편 상해임시정부자료집에 있는 사진과 박태훈 님이 촬영한 사진을 활용했습니다.

여기는 대한민국 임시 정부입니다

초판 1쇄 발행 2020년 6월 20일
초판 2쇄 발행 2022년 1월 10일

지은이 은동진

기획·편집 도은주, 류정화
미디어 마케팅 초록도비

펴낸이 윤주용
펴낸곳 초록비책공방

출판등록 2013년 4월 25일 제2013-000130
주소 서울시 마포구 월드컵북로 402 KGIT 센터 921A호
전화 0505-566-5522 팩스 02-6008-1777

메일 greenrainbooks@naver.com
인스타 @greenrainbooks
포스트 http://post.naver.com/jooyongy
페이스북 http://www.facebook.com/greenrainbook

ISBN 979-11-86358-79-5 (03910)

어려운 것은 쉽게 쉬운 것은 깊게 깊은 것은 유쾌하게

초록비책공방은 여러분의 소중한 의견을 기다리고 있습니다.
원고 투고, 오탈자 제보, 제휴 제안은 greenrainbooks@naver.com으로 보내주세요.